岩波現代文庫／学術 293

〈永……って
西……学を
開……

小林敏明

岩波書店

哲学はまだ直線的に過ぎる。まだ充分に円環的でない。

——F・シュレーゲル

まえがき

本書は論文集のかたちをとっているが、もともとはいずれの論文(章)も初めから一冊の著作となることを前提に書かれ、発表されてきたものである。きっかけは二〇〇四年フランスのコールマールでおこなわれたCentre Européen d'Études Japonaises d'Alsace (CEEJA)主催によるシンポジウム「La philosophie du Japon au xxe siècle」への参加であった。このシンポジウムはパリのINALCO(フランス国立東洋言語文化研究所)を中心とする日本哲学研究会のグループによって企画されたもので、私はここで「Le maintenant éternel et l'autre」と題して発表する機会を与えられた。本書の第一章「今——永遠の今と他者」がこのときの発表内容である(その後Revue d'Études Japonaises du CEEJA, *Benkyô-kai* N°2, CEEJA 2006に所収)。そしてこれをきっかけに、私はここであつかったテーマ、すなわち西田哲学における永遠の今という問題をさらに追いつづけ、一冊の著作にすることをおおまかに構想することになった。

つづく第二章は西田の永遠の今ないし時間論を論ずるに先だってどうしても論じておき

たかった予備的な考察であり、その内容は二〇〇六年の冬学期にライプツィヒ大学哲学科が主催した連続講演会のひとつとして「Wo die Sprache verstummt, da entsteht sie.-Nishida Kitarôs Theorie der reinen Erfahrung」と題して発表されている(その後 B. Kremberg & R. Totzke (Hrsg.): *Sprache-Kultur-Darstellungsformen: Methodenprobleme in der Philosophie*. Leipziger Universitätsverlag 2010 に所収)。第三章も予備考察にあたるが、これを含め本書の中心テーマ「永遠の今」を論じた第四章から第六章まではすべて岩波書店の『思想』に発表したものである。ちなみに第三章は雑誌発表後にやはりパリの INALCO で発表の機会を与えられ、また第五章は二〇〇八年に慶応大学でおこなわれたシンポジウム「瞬間と偶然――時間を哲学する」で発表した「偶然性の時間論――九鬼から西田へ」の内容を膨らませたものである。私自身の思いからすれば、とくに最後の第六章「現在――カイロスの系譜」は西田解釈に事寄せながらこの一〇年間ほど思索してきたことの暫定的な締めくくりであり、もっとも力を入れた部分である。この章に関してもちょうど雑誌発表の直後に神戸大学大学院人文学研究科のプロジェクト企画で、この内容にもとづいた講演をする機会を与えられた(『愛知』第22号、神戸大学哲学懇話会、二〇一〇年に所収)。

いずれの章も本書に収めるにあたり多少の手入れを施した。表記表現上の統一を図ったのはむろんであるが、執筆が長期にわたったこともあって、途中で自分の考えに変更が生じたり、またその間に他の論者たちによる新しい著作が出て刺激を受けたりしたことがおもな理由である。

目 次

第一章　今――永遠の今と他者

はじめに

西田哲学はまだ充分に開放されていない。膨大な数にのぼる西田論の多くは「西田における何々概念」とか「西田における誰々の影響」というようなかたちで、西田の文献のなかをあちこち動きまわって一定のつじつまを合わせて満足するということに終始しているように見える。もっとも、つぎつぎとジャーゴンを生み出しては独自の哲学ワールドを築いた西田を研究対象とする場合、そうした一種訓詁注釈めいた概念の検証や同定の作業がどうしても必要となってこざるをえないこともあって、いちがいにそういう態度を非難してすますわけにはいかないのだが、しかし西田の言説を金科玉条のごとくにして、ひたすらつじつま合わせに走るというのは、当の西田哲学にとってもあまり幸福なこととはいえないように思える。なぜなら、こういうスタンスからする研究というのは、西田の文献ばかりに気をとらわれて、肝心の西田が見ようとしていた事象そのものを見失ってしまうおそれがあるからだ。

その意味で、こうした従来の保守的な研究態度に対する不満から西田の考えを外部に向けて開放しようとした中村雄二郎による一連の試み(『西田幾多郎』『西田哲学の脱構築』『述語的世界と制度』)は大いに称えられてよい。だが、不遜な言い方を許してもらえるなら、その画期的な中村による開放の試みといえども、西田の言説と他のさまざまな分野の現象や言説とのアナロジカルな対比とその理論的発展の可能性を示したにとどまり、西田の掘り下げた思索の深みがまだまだ充分に汲みつくされたとは言いがたいように思える。だから後進のわれわれに課せられているのは、そうした中村の先駆的試みを無駄にしないためにも、西田がその思索の徹底化を通して直面した臨界点を探り、そこからさらなる開放の道を探ることである。

こうした目で見ると、臨界点に達しているのかどうかまでは分からないとしても、ここ一〇年ほどの間に比較的新しい世代の論者を中心にして、たんなる文献解釈を脱した、それまでは考えられなかったような自由な西田解釈が生まれ始めていることに気づく。私のいうのは、たとえば、ベルクソンやドゥルーズの生命論と西田をつき合わせた檜垣立哉の『西田幾多郎の生命哲学』、分析哲学の知識を併せ持ちながらも独特の哲学思想を展開する永井均の『西田幾多郎』(小著ながら、私はこの著作は西田哲学の核心によく迫っていると思う)、同じく分析哲学の立場から西田の歴史概念にアプローチした荒谷大輔の『西田幾多郎』、さらにはこれまで回避されがちだった西田の国家論を丹念に追った嘉戸一将の『西田幾多郎と国家への問い』や、もはや新しい世代とはいえないが、学説などにとらわれない自由な観点から西田哲学にアプローチした大澤正人『サクラは何色ですか?』(ちなみに、西田解釈という枠を離れても、この著作には私個人共感することが多かった)などのことである。これにはいま述べた中村の先駆的な功績に勇気づけられてということもあるが、さらにはこの間西田の新全集が出たり、重要論文が文庫版で普及したことにくわえて、京都学派関係の一次文献が各出版社から競合するかのように再出版されたりして、その文献的インフラが整備されたことも大きく与っているだろう(この方面における小坂国継や藤田正勝らの近年の精力的な仕事ぶりは大いに称えられてしかるべきであろう)。文献学的アプローチを一面的に批判することなどできない理由がここにある。本書はいわばこうした最近の動向を横目にしながら、筆者なりの仕方で西田哲学の開放を試みてみようという動機から生まれたものである。

西田哲学へはいろいろなアプローチの仕方がある。もっとも一般的なのは、ベストセラーとなって一躍西田の名を世に知らしめた最初の著作『善の研究』から始めて、そこにうち出された「純粋経験」という考えのその後の発展を追うというやり方であり、実際にもこのアプローチがもっとも流布しているように思われる。これに対して、あくまで筆者自身の哲学的関心を軸において、そこから西田に接近しようとする本書では、もっぱら西田哲学のエッセンスを体現している概念のひとつである「永遠の今」ないし「永遠の今の自己限定」を考察の中心にすえ、そこからどのような問題が生じているか、またそれに対して西田がどのようなところまで自分の考えを進めたのか、そしてそれが他の問題系とどのようにつながっているかを、ためつすがめつさまざまなパースペクティヴから執拗に追うというアプローチをとる。したがってこの第一章では、本書全体への導入をも兼ねて、まずわれわれのターゲットとなる「永遠の今」という概念を西田がどのように理解したのか、また他の哲学的ディスコースに照らし合わせてみたとき、そこにはどのような問題が見えてくるのか、といったことがとりあえず要点的に述べられる。

とはいえ、この「永遠の今の自己限定」という概念は、他の西田用語と同様に、なかなか一筋縄ではいかない難解かつやっかいな概念であり、たとえばこれが中心的に論じられる論集『無の自覚的限定』のなかの代表的な論文「私と汝」などが示しているように、ここに披瀝される原時間論ともいうべき考えが、汝すなわち他者を導き出すための原理論としても構想されているため、その難解さは倍化することになる。したがって、ここではおもに、一般的には時間のカテゴリーに属する「今」という概念が、なぜ「他者」という人格存在にまでつながっていくのかの論理的道筋がたどられるが、その道筋の途中でわれわれは現代哲学において依然として解き明かされていない重要な問題の数々に遭遇することになるであろう。

一　差異化する現在

一九三六年の『善の研究』新版に際して西田が自らの思索の変遷を自己批判的に回顧していることはよく知られているが、西田の哲学思想、より正確にいえば、その狙い定めているものはほとんど変わっていない。つまり「純粋経験」に始まったその思索は、やがて「一般者」、「場所」、「自覚」、「行為的直観」、「絶対矛盾的自己同一」等々へとその衣裳を変えていったが、それらが狙っているのはいずれも同一の事態、すなわちすべての先入見を排したときに立ち現れるはずの知覚現在の瞬間すなわち直観である。前期と後期を分かつのは、ただその知覚の瞬間についての考えが、その知覚をも含んだ行為一般の瞬間、あるいは行為中の知覚の瞬間にまで進められていることにある。だから後期においてもたんなる「行為」ではなくて「行為的直観」が問題となってくるのである。そういう意味において、西田の思索がいつの日か時間ないし時間意識の問題に直面するのは必然であったということができよう。その中心に「瞬間」、しかも「今」という瞬間が立っていた。

ところで瞬間は一般に、過去から未来へまたは未来から過去へと流れゆく時間軸上に位置を占め、それ自体幅をもたない零点として表象される。だが本当をいえば、こうした表象 représentation は「今」をとらえることができない。そうした表象としての瞬間は、むしろ無限につづく今が残した痕跡(過去)とその投影 projection(未来)によって構成された時間、西田の言葉でいえば、ノエマ化された時間のなかに事後的に想定されたノエマ的瞬間にすぎず、それはもはや知覚や行為の現場としての「生ける現在 die lebendige Gegenwart」(フッサール/ヘルト)ではないからである。かつてアウグスティヌスは過去、現在、未来があるのではない、あるのはただ過去の現在、現在の現在、未来の現在であると述べたが、過去、現在、未来という直線によってとらえられる一般的時間表象はむしろ「現在＝今」の産物にすぎない。同じことを指摘した哲学者は少なくないが、たとえばアガンベンはこの「現在＝今」をこう表現している。

〈いま〉が、この〈いま〉が指示される。〈いま〉。それは、指し示されるときには、すでに存在することをやめてしまっている。現に存在する〈いま〉は、指示された〈いま〉

とは別のものである。そして、〈いま〉とは、現に存在するときにはすでにもはや存在しないような、まさにそのようなものであることをわたしたちは知るのである。わたしたちに指し示される〈いま〉は、存在したもの(gewesenes〔既在〕)である。これがそれの真理なのである。それは存在の真理をもっていないのだ。それでも、それが存在したということは真である。だが、存在したものは、事実をいうと、なんら存在するものではない(was *gewesen* ist, ist in der Tat, *kein Wesen*)。存在したものは現に存在してはいない。そして、わたしたちが問題にしていたのは存在しているということなのだ(1)。

この一般的時間表象から区別された「生ける現在」としての「今」に関して、もうひとつ引用をくわえてみよう。

ひとが時間を正当にも無限な継起として規定するという場合、さらにそれを過去的・現在的・未来的として規定することは自明のことのように思われるかもしれない。ところが、かかる区別が時間そのもののうちに存すると考えられるや否や、この区別は正当なものではなくなるのである。なぜというに、かかる区別は、時間が永遠との関係のなかにはいりこみ永遠が時間のうちに反映せしめられることによって始めて出現し来るものだからである(2)。

こう述べたのはアガンベンでも西田でもなく、キルケゴールだが、彼らの思考の近親性は一目瞭然である。その要点は時間に先立ち、それを生み出しつづける原基としての今という視点である。しかもこの今はさしあたりいかなる時間の拘束をも逃れているがゆえに「永遠」と呼ばれる。いや、キルケゴールに即して厳密にいえば、それは時間と永遠との接点である。西田もまたこう述べている。

併し私の永遠の今の限定といふのは唯、現在が現在自身を限定することを意味するのである。移り行く時と永遠とは現在に於て相触れて居るのである、否、現在が現在自身を限定するといふこの現在を離れて、永遠といふものがあるのではない、現在が現在自身を限定すると考へられる所に真の永遠の意味があるのである(3)。

では、その「永遠の今」が「自己限定」するとはどういうことか。今は今であるかぎり、そのつど定点をもつ。逆にいえば、定点をもたなければ今は今とならない。西田やキルケゴールと非常に近い思想をもったレヴィナスならば、これを「定位 position」と呼ぶだろう。「瞬間 instance」は文字通り「立ち止まる＝in-stance」のである。しかもこの定点は、まだその瞬間において何が何を何処にというかたちで定まることはできない。つまりこの「限定」はヘーゲルにおけるような「規定」でも「定義」でもありえない。それはあらゆる「主体」や「対象」に先行しているからである。定まった定点としての今から初めて過去や未来とともに「何」とか「何処」も生まれ、またそれを前提にして初めて規定や定義が出てくるのである。これを一般化していえば、今が定点を獲得し自己自身を限定したとき、そこからあらゆるものの分節化、差異化ひいては有意味的な対象化が始まるのである。ギリシア的時間表現を借りていえば、カイロスの限定がクロノスを生み出すのである。レヴィナスがこれを hypostase という彼独自の用語で表現したことはよく知られていよう。(4)

この自己差異化の原点としての今は、しかし一つの定点に留まりつづけることがない。今は痕跡としての過去をノエマ的に産出しながら、不断に次の今へと移っていくからである。言いかえれば、今はそのつど死んでは新たな今として生まれつづける。今の連続はだから死して生きるという断絶を含んだ連続、すなわち西田のいう「非連続の連続」である。いわばその断絶の合間にそのつど差異化された意味が生み出されるのである。その意味で今は能産的な「間」である。このことはわれわれ人間の場合、言語行為を抜きにしては考えられない。かつて言語哲学者の丸山圭三郎も指摘したように、人間のそれをも含む動物的身体はすでにそれ自体が分節化差異化のメカニズムを内包しているが(身分け)、時間表象の成立をはじめとして、われわれの世界構成に、言語による分節化(言分け)と意味の産出が大きく与っていることは否定しようがないからである。(5) よく知られた différance を含むデリダの一連の論議もまたそうした次元と接していることはいうまでもなかろう。いわゆる「différance」が産出されたノエマとしての差異であるとするなら、デリダが新造語「différence」で表そうとしたものとは、今が孕む自己差異化の運動そのものにほかならない。(6)

二　無数の動きつづける底無しの円錐

こうした自己を差異化しながら産出しつづける西田の「永遠の今の自己限定」というテーゼは、しかし容易にはとらえがたい。なぜなら、それはそもそも原理的に表象そのものを拒否しているからである。「純粋経験」といい、「真の無の場所」といい、総じて西田の狙うものはもともと表象とは相容れない、そういってよければ、脱‐表象的、反‐表象的存在である。その意味で、表象不可能なものを、にもかかわらず言語表象によって追求しようとするところに西田哲学の根本的ジレンマがあるといってよい(次章参照)。このジレンマに遭遇するとき、西田がときどき頼りにするのが数学、とりわけ幾何学のイメージであった。そして問題の永遠の今の自己限定というテーゼに関して頻繁に持ち出されてくるのが、例の「周辺なくして到る所が中心となる無限大の円」という文字通り表象しがたい表現にほかならない。

まずこの表現の出自を確認しておこう。このメタファーは西田自身による思いつきではない。本人も証言しているように[7]、この表現はもともとパスカルから借りてきたものである。パスカルは無限に広がる宇宙を想い浮かべながらこう言っている。

> すべてのこの目に見える世界は、自然のゆったりしたふところのなかでは、目にもとまらぬほどの一つの線にすぎない。いかなる観念もそれに近づくことはない。われわれが、想像しうるかぎりの空間よりもさらに向こうへ、われわれの思いをいくらふくらませていったところでむだである。事物の現実にくらべては、原子を生みだすにすぎない。これは中心がどこにもあり、円周がどこにもない無限の球体である[8]。

パスカルの想像力は地球という中心から太陽系の中心へと移り、さらにはそれを越えた無限の空間に無数の中心を置いてみせる。球体が有限の形をもっていれば、それに応じて一定の中心が定まる。しかし無限の広がりをもつとき、さらにいえば、その全体が球体であるとさえ同定できないほど無限に広大である場合には、中心はどこにもないか、逆に無数にそれを置くことができる。パスカルや西田の想像力は後者を選んだ。同じ系列にはモナドロジーを構想したライプニッツを置くこともできるだろう。ちょうどそれと同じように、われわれ人間の世界でも、それぞれの中心としての今＝現在をもった無数の人間を想定することができる。これが「到る所が中心となる」という表現のさしあたりの意味だが、しかし西田の「今」は静的な空間のメタファーだけではとらえきれない。なぜなら、さきにも見たように、そこには不断に差異化しつづける運動のファクターが働いているからである。西田が物理学にいう時空連続体やエネルギー変換の考えに関心を示していたことを付け加えておこう。西田は幾何学のイメージによるメタファーをさらに進めてこういう。

例へば、円錐形の基底から見てその深く動き行く頂点の如きものが瞬間と考へることができる。そしてその頂点が深くなればなる程、その基底が広くなると考へ、その頂点が無限なる深さの極限に達したと考へられる時、その基底は無限大となる、否、周辺なき円となると考へることができるのである。併し瞬間が瞬間自身を限定することから時の限定が考へられると云ふ時、かゝる考を逆にせなければならぬ。頂点の自己限定そのものの中に基底が含まれてゐなければならぬ、時を越えたものによつて時が限定せられるのである。単に頂点が深くなると共に基底が広がるといふのでなく、基底から基底に移るといふ意味がなければならぬ、そこに周辺なくして到る所中心となる円の自己限定の意義があるのである、現在が現在自身を限定すると考へられる底にかゝる意味がなければならぬ。(9)

このメタファーが示しているように、円錐の頂点は不断に動き、進んでいる。そしてそれは瞬間瞬間において自己を限定する。その限定の結果としてそのつど円周が生み出され、基底が生み出される。言いかえれば、本来幅も形ももたない頂点が円周とか基底という形を生み出していくのである。したがって今という瞬間が刻々と次の瞬間に移る、すなわち死んではまた生まれるとき、それに応じて生み出された基底もつぎつぎと新たな基底に移行していく。これは自己差異化としての永遠の今の自己限定がそのつどノエマ的意味を産出しつづけることのメタファーである。フッサールならこれを彗星とその尾にたとえるだろう。(10)だが、こうしたメタファーを突きつめていくとき、われわれはあるジレンマに遭遇することになる。引用が示しているように、瞬間が無限の深さに進むとき、円周も基底も無限に開かれてしまい、そこでは形も意味も消失してしまうというジレンマである。むろんこれはメタファーを借りた思考実験にすぎない。しかし西田の考えた「永遠の今」にそうした本質的ジレンマないし矛盾を含んだ理論的可能性がこめられていることを見逃してはならない。「永遠の今」が「絶対矛盾」や「絶対無」と同定される理由のひとつもそこにあると見てよいであろう。

　こうしたジレンマが生じてしまうのは、ひとつに、そこに西田自身が視点を据えようとしている永遠の今自体が無限に進行していくからだが、もうひとつの原因は、われわれ自身が意識的にその今へ接近しようとするときの無限性である。いうまでもなく、西田の「純粋経験」や「真の無の場所」、それに「永遠の今」はひとつの極点であり、われわれの意識はそこに発するとはいえ、逆にその「純粋」な極点をとらえきれているわけではない。意識自体はつねに一種の「濁り」を帯びてしまっているからである。この濁りはさきに述べた今の停滞 in-stance によって生ずる。今が停滞すれば、差異化の運動も停止し、それに応じてその産物たる形すなわちノエマ的意味も停滞し安定する。われわれの言語表象による意味の交換はこの「濁り」としての停滞を前提にしている。逆にいえば、理想状態としての刻々と変化する純粋な差異化を以てしては、われわれは言語的伝達を果たすことはできないのである。われわれがふだん形や意味の消失という究極的ジレンマに遭遇しないでいられるのは、もっぱらこの「自然な」今の停滞、あるいは言葉による停滞の強制によっているからである。ハイデッガーの「頽落 Verfallen」とかレヴィナスの「眠り sommeil」とは、そうした日常的コミュニケーションを可能にしている「自然的態度 die natürliche Einstellung」(フッサール)ないし「自然的自明性 die natürliche Selbstverständlichkeit」(ブランケンブルク)のことにほかならない。

三　不意打ちする未来

もう一度永遠の今の自己限定という決定的な「飛躍の瞬間」(キルケゴール)に目を向けてみよう。おうおうにして見落とされていることだが、この点に関して西田はさらに重要なことを指摘している。それは「未来」という問題である。西田によれば、過去も未来もともに永遠の今が自己限定するところに初めて成立するものであった。その意味において両者は論理的発生的に等価である。しかし、この過去と未来の内容をよく見くらべてみると、そこには決定的な質の違いが認められる。つまり両者は単純なシンメトリーを成しているわけではないのだ。

併し我々の生命の真の実在性はかゝる環境的限定に於てあるのではない、絶対に死して生れる所にあるのである。我々は絶対の底から生れるのである。かゝる意味に於て我々の生命は過去から生れるのでなく、未来から生れるといふことができる、否、永遠の今の自己限定として現在が現在自身を限定するといふ意味に於て生れるのである。(11)

この引用は何を語っているのだろうか。西田によれば、現在が現在自身を限定するとき、それは過去と未来の両方向を分節化するのだが、それらはそれぞれまったくちがった方向に展開される。過去という、いわば現在の痕跡は、あくまでいったん成立した動かしがたい事実性 Faktizität(ハイデッガー)として、その限定の瞬間に生じたわれわれの自己を規定する。西田のターミノロジーでは、この過去の方向の極に位置するのが「物質」であり「身体」ということになる。これに対して未来は、文字通り「未だ来ぬもの」として、われわれの「自由な意志」、ひいては「生命」の次元を開示する。生命はけっして規定された事実性だけにもとづくものではない。それを超えて飛躍 élan が働くところに生命の生命たるゆえんがあるからだ。このファクターを欠いた生命はもはや生命とはいえない。それは機械であり、死体にすぎない。つまり、未来は未だ来ぬ「未知」であるがゆえにこそ、生命を生み出すことができるのである。同じ未来と過去の不均衡をキルケゴールならば次のように表現するだろう。

（かかる区別において直ちに気づかれることは、）或る意味においては未来的なるものが現在的なるものや過去的なるものよりもより多くを意味しているということである。なぜというに、未来的なるものは或る意味において全体なのであり、過去的なるものはその部分でしかない。未来的なるものが或る意味においては過去的なるものをも意味しうるということは、永遠的なるものはまずもって未来的なるものを意味しているということによるものである。換言すれば、未来的なるものとは、本来時間と質を異にしているところの永遠的なるものが、しかも時間とおのが関係を保とうとする場合にとるところの仮装《インコグニトー》なのである。(12)

こうした過去と未来の質的相違はおうおうにして一般の時間論からは見逃されている。というのも多くの場合、未来は「予期」ないしその対象と混同されて、いわば過去の「記憶」ないし「想起」のペンダントとして表象されてしまうからである。予期とは、あらかじめ想定された未来である。しかし、それはすでに想定されてしまった「既知」として、未来の核を成す「未知性」をあらかじめ排除してしまっている。このことは未来に関して言われる「投企 Entwurf」にも当てはまる。真に未知で他なる未来に対しては自己を投企する決断 Entschlossenheit（ハイデッガー）も不可能だからである。レヴィナスが批判を向けたのは、そうした未知性の排除に対してであった。

ベルクソンからサルトルに到るまであらゆる理論によって、時間の本質として広く認められてきた、未来の先取り〔予測〕（訳者注記）、未来の投映は、未来というかたちをとった現在にすぎず、真正の未来ではないのだ。未来とは、捉えられないもの、われわれに不意に襲いかかり、われわれを捕えるものなのである。未来とは、他者なのだ。未来との関係、それは他者との関係そのものである(13)。

私の見るかぎり、西田もこのような外部から不意に襲いかかる未知性ないし他性としての未来に気づいていた。具体的には、キルケゴールが狂気に肉薄するほどの内省を通して、レヴィナスが収容所という限界状況を通して、また西田が仮死体験とでもいうべき禅の瞑想修行を通してそのことを知ったのではないかという心理学的にも興味深い推測仮説をたてることができるのだが、いずれにせよ、予期によって飼い馴らされることのない他性としての未来に目を向けていたという点で、彼らの観点は時間を論ずるうえでの重要なポイントをとらえている。そしてまさにそのことが、われわれの求める他者論との接点をも開示することになるのである。

四　絶対の他という地平

「私と汝」に述べられた次のような時間論と他者論をつなぐ重要なテーゼが見落とされてはならない。

瞬間的限定の底に於て未来から限定せられると考へる時、我に対して絶対に非合理的なるものは物質ではなくして他人である。(14)

目立たないながらも、このテーゼは時間論と他者論をつなぐ重要なテーゼである。未知性をはらむ未来の側において「他人」が出てくるのはなぜなのか。フッサールその他が論じたように、他者はたしかに私という主観によって構成されるという面をもっている。しかし、私によって構成されるかぎりでの他者はまだ真に他者とは呼べない。それはあくまで私の側からの一方的な認識の結果、西田の言葉でいえば、過去の側にノエマ化された他者にすぎない。それは痕跡としての他者である。だからこの他者は私に「不意に襲いかか」って来ることなどない。それは私のなかですでに飼い馴らされてしまった他者なのだ。西田がきっぱりと類推説や感情移入説を退ける理由はここにある。西田にとって他者は、真の未来と同じように、私によって対象化されることのない「絶対の他」でなければならない。「絶対の他」とは他者を「他なるもの」として排除することではない。むしろまったく反対に、それ独自の自由な意志を備え、私の介入を許すことのない絶対的な自立の中心としての他を認めることにほかならない。

多くの社会学者や社会哲学者たちが指摘しているように、われわれは通常他者を父、母、子供、教師、運転手、店員、守衛、社長、場合によっては歩行者、乗客等々と、いずれもなんらかの社会的な役割を帯びたペルソナとして扱っている。(15) ある意味でわれわれの社会はそうしたペルソナの集合体ということができる。しかし、それはあくまでそれぞれの役割に固定された対象としての他者である。われわれはだからそうした他者に対して一定の計算可能な期待や予期をもつこともできる。だが、西田のとらえようとする他者＝汝はそういうものではない。われわれの期待や予期を超えた、つまりわれわれにとって絶対的な他であるような他者である。それは私と同じように自由な意志を備えているからといって、これを私からの類推によってとらえることはできない。なぜなら、そのようにとらえられた他者にいくら自由意志を認めようとも、そこに類推する私自身が投影されるのであれば、厳密な意味での「絶対の他」の「絶対」性が消失してしまうからである。類推や投影はすでにそのこと自体において他者に対する暴力であるといわねばならない。多くの上っ面の「ヒューマニズム」にもとづく他者理解の本質的欺瞞もここにある。それは「他者もまたきっとそうであろう、そうであるべきだ」という類推による「私」の強制となるからである。「私」が「絶対の他」を認めるということは、むしろ反対に「私」の側を消すことである。私が私の自己をつきつめ、私という主観が消失したところに初めてそれ独自の中心を備えた「絶対の他」が現れてくる。そのとき私は初めて他者を真に受け入れることになる。むろんこのことはわれわれにとって容易な事柄ではない。

> 自己が自己に於て絶対の他を見ると考へる時、我々の自己は死することによつて生きるといふ意味を有し、他の人格を認めることによつて自己が自己となる、私の根柢に汝があり汝の根柢に私があると云ふことができる。(16)

この次元はしたがって、ただひとつの中心からなるのではなく、それぞれが無限に開かれた中心をもっている。これがさきに検討した「周辺なくして到る所中心となる円」というメタファーの真意にほかならない。むろん、これもまた「絶対無の自覚」を前提にした究極状態にすぎない。裏をかえせば、われわれはいつもこのようなかたちで他者に接しているわけではない。むしろわれわれは互いに役割の集積したペルソナとしての他者を相手にして、いわば惰性的に日常生活を営んでおり、そしてそのかぎりで個々の他者の中心を奪い取り、その犠牲のもとに、しばしば国家、企業、共同体、家族等々といった集団的虚偽意識を捏造したりしている。この事態がさきに見たような、差異化の停滞としての対象化された言語的意味の伝達と並行しているのは明らかであろう。要するに、西田が訴えているのは、そうした日常生活のなかでおこなわれている他者の対象化ないし目的手段化Instrumentalisierungを一度括弧に入《エポケー》れて、他者のもつ絶対的他性とそれにもとづいた絶対的自立を認めようということである。そこに初めて「中心」であるものどうしが互いに「呼声」を聞き合うことのできる「応答」の世界が成立するということである。最晩年の西田があらためてライプニッツのモナドロジーに惹かれていったのも、おそらくこうした考えと無関係ではない。

（1）アガンベン『言葉と死』三八頁。
（2）キェルケゴール『不安の概念』一四九頁。
（3）西田「私の絶対無の自覚的限定といふもの」、『無の自覚的限定』一〇九頁。

(4) このレヴィナスのhypostaseという概念については『実存から実存者へ』の翻訳者西谷修による異例に長く、また示唆に富んだ脚注(訳書一九二―一九九頁)を参照されたい。
(5) たとえば『生命と過剰』第五章参照。
(6) ちなみに、私はかつてこれを「ことなり」と用語化することによって解釈しようと試みたことがある。『〈ことなり〉の現象学』参照。
(7) 西田「永遠の今の自己限定」、『無の自覚的限定』一四八頁。
(8) パスカル『パンセ』七二、四二頁。
(9) 西田「私と汝」、『無の自覚的限定』二九八―二九九頁。
(10) Husserl: *Zur Phänomenologie des inneren Zeitbewußtseins*, S. 30 参照。
(11) 西田、前掲書、二八〇頁。
(12) キェルケゴール『不安の概念』一五六―一五七頁。
(13) レヴィナス『時間と他者』六七頁。
(14) 西田、前掲書、二九三頁。
(15) こうした日常の役割行為については、とくに社会心理学に数多くの研究があるが、哲学のディスコースとしては、たとえばLöwith: *Das Individuum in der Rolle des Mitmenschen* や廣松渉『存在と意味』第二巻などが参考になるだろう。
(16) 西田、前掲書、三一〇頁。

第二章　言　葉——言葉が消えゆき、生まれ出るところ

はじめに

本論への予備考察のつづきとして、ここでは西田の最初期にうち出された「純粋経験」という考えに立ちもどって、そこに著者独自の観点をもまじえながら、西田哲学にとっての言葉の立ち位置とでもいうべきものを検討しておくことにしたい。なぜなら本書がターゲットにする「永遠の今」も、その原型ともいうべき「純粋経験」も、ある意味で言語以前の次元に、あるいは言語がぎりぎりのところで成り立つその臨界点において姿を現してくるものだからである。

「語りえぬものについては沈黙しなければならない」というウィットゲンシュタインのよく知られた禁欲的テーゼは、この間あまりにも安易に引用され、玩ばれてきたように見える。しかし言葉という生き物はそれほどたやすく表現への欲動を放棄するものではなく、

必要とあらば、自らを歪め、犠牲にしてでも、その不可能事に接近しようとするものである。言葉や思考は、一面ではたしかに語りうるものの世界に安住したがるものだが、しかしその生命力自体はむしろこの語りえないものへの、なかば自虐的なまでの飽くなき接近からこそ育まれるのだ。真に語りえないものは無視されればよい。容易に語られうるものは、そのまま語るにまかせておけばよい。

問題の所在はだから、ひとつには語りたくても語りきれないもの、もうひとつには逆に語りたくなくとも語られてしまうものにあるということになる。前者は代表的なかたちで詩的言語に、後者は病的言説の中にその痕跡を見出すことができる。この両者を分ける重要な相違は次のことにある。すなわち、語りたくとも語れないで苦吟する詩人は、その語りえないものを見すえているかぎりにおいて、いや、少なくともそれを見ようとしているかぎりにおいて、まだ自らの「主体」をかろうじて保持しているといえる。しかし、これに対して自動症のように語りを強いられる病者においては、もはや「主体」は存在しないか、少なくともその存在は危機に瀕している。そこでは主体ならぬ「何ものか」が語っているか、または言葉自身がそのように作動してしまっているからである。あるいは言葉が勝手に主体の地位を占領しているといってもよいかもしれない。そしてその「何ものか」としての無意識と発話された言葉の両者を重ねてみようとするところに、周知の精神分析学の方法が成立したのであった。

こういう観点から見て、もうひとつ興味深いのが宗教という現象である。そこでは当事者の「主体」はいちおう保持されていることになっている。だが、「主体」が保持されるといっても、それは神という超越的主体にとっての「sujet」、つまり文字通り「臣下」としてである。小宇宙《ミクロコスモス》としての「私」は絶対的な超越神か大いなる自己《マクロコスモス》に従属する。つまりそのかぎりで、病とはまたちがったかたちではあるが、ここでも主体は危機に瀕するのである。そしてそのディスコースの主導権はまたしても「何ものか」によって握られる。自分自身は語りえない、しかし自分の口を借りて超越的な「何ものか」が語る、と当事者は信じている。つまり自分／私とはここでは文字通りMedium(媒介物、霊媒者)にほかならないわけだ。ここに宗教と狂気の親密な関係が見出されるのはいうまでもない。では、両者はどこで区別されるのだろうか。それは宗教においては、一度危機に瀕した主体が原理的にいつでも回復可能だということである、還り道をもっているということである。現実には、詩と狂気が共存することがありうるように、宗教と狂気が共存することも稀ではないが、この随意的な主体回復ないしは往還の可能性の有無は、ある意味で両者を分ける決定的なメルクマールであるといえよう。

本章の目的は、こうした動揺する言語とその主体の関係という観点を考察の中心にすえながら、宗教とも親和性があるといわれてきた西田哲学における「語りえないもの」との格闘を筆者なりのやり方で跡づけてみようというところにある。

一　語りえない純粋経験

われわれの出発点は西田哲学の出発点「純粋経験」である。周知のように、「事実其儘の現在意識」としての純粋経験においては「未だ主もなく客もない、知識と其対象とが全く合一して居る」のであった。そしてそれは「意味」さえもってはならないとされた。これは西田の思想が初めから「語りえないもの」に直面していることを言い表している。だから『善の研究』で西田ははやばやと次のように述べざるをえなかった。

何ごとにせよ我々に直接の事実であるものは説明できぬ、理性であつても其根本である直覚的原理の説明はできぬ。説明とは一の体系の中に他を包容し得るの謂である。統一の中軸となる者は説明はできぬ、兎に角其場合は盲目である。(1)

西田にとってこの説明不可能な直接経験の事実こそがあらゆるものに先立つ、いわば根源的な真理にほかならない。だから、その真理に関してもこういわれることになる。

完全なる真理は個人的であり、現実的である。それ故に完全なる真理は言語に云ひ現はすべき者ではない、所謂科学的真理の如きは完全なる真理とはいへないのである。(2)

言葉を介して得られる真理は真理ではなく、言葉を超えたところにこそ本来的な真理があるとするこの考えは、ドイツ神秘主義はもとより、「真理」を意味するギリシア語「アレーテイア」の再発掘を通して「Sein(ある)」をとらえようと試みたハイデッガーの存在論に似ているが、むろんこれはどこにでも、またいつの時代にでも見られる、そういってよければ、かなりありふれた考えである。真理は命題と対象、言いかえれば主体と客体との一致にあるのではなく、ただ「隠されていないことUnverborgenheit」、「あらわなることOffensein」にあるとしながら、言葉の袋小路に陥らざるをえなかったハイデッガーが、最後は「Sein」というシニフィアンに抹消記号を付けなければならなかったように、西田の「純粋経験」というシニフィアンもまた、本来抹消されるべきシニフィアンであるといえよう。だとすれば、いったい西田の一生を通じてのあの精力的な言説活動は何を意味するのだろうか。前章でもすでに述べたように、本来語りえぬものを、にもかかわらず語ろうとすること、西田の語りは初めから原理的な矛盾を抱えこんでいるのである。

それにしても、なぜ純粋経験は言葉を拒否するのだろうか。西田に影響を与えたといわれる禅をもち出してくる前に、このことをもう少し西田自身の哲学的言説に即して見ておこう。西田が純粋経験のなかに見ているのは、一言でいえば、もっとも純化された「今」という瞬間およびそこにおける経験である。この「経験」には知覚をはじめとするすべての意識作用が入っている。ただしあくまで未分化なかたちで。われわれは通常「私は今何々を見ている」という。そのとき「何か」が「今」見えていると思いこんでいる。だが、この今は本当に「今」なのだろうか。それはすでに一定の幅ないし長さをもった過去を孕んだ今、そういってよければ、いくらか膨らみや幅をもった今ではないのだろうか。その今が厳密な意味で長さをもたぬ瞬間であったとしたら、そもそもわれわれは「何々を見ている」などといえるのだろうか。われわれが何かを見ていると思いこんでいられるのは、その今が一定の間立ち止まり、その滞りの場所になんらかの対象を浮かび上がらせているからではないのか。これに対して西田が純粋経験には主客がないというのは、そのとき彼が幅も長さももたない厳密な意味での瞬間的今を見ているからである。それは主客の区別もなければ、意味を生み出す言葉もまだ作動しない瞬間である。とはいえ、それはたんなる空虚ではない。明らかにそこには同時に何ごとかが出来している、あるいは出来しようとしているからである。見落とされがちだが、すでに『善の研究』には後の「永遠の今」という考えを先取りするかのように、次のように述べられていた。

> 此点より見れば精神の根柢には常に不変的或者がある。此者が日々その発展を大きくするのである。時間の経過とは此発展に伴ふ統一的中心点が変じてゆくのである、此中心点がいつでも「今」である。(3)

とはいえ、この記述はけっして自明ではない。西田はここで不変的な今が変じていくのだといっているのだから。いったいこのパラドックスめいた事態をどう理解したらよいのだろうか。この事態にアプローチするために、ここでは音の知覚を例にとって考えてみよう。今われわれの耳に「ア」という音ないし声が聞こえたとする。しかしこの「ア」は明らかに一定の時間的長さにおいて発声されたものである。そうでなければわれわれはこれを「ア」音として聞くことができない。廣松渉によるフェノメノン(現相)の四肢構造論が明らかにしているように、「として」はすでに意味産出に向けた構造を予想している。(4)だが、問題はこの「として」が生まれる瞬間に生ずる。「ア」という音が一定の長さにおいて発せられるということは、時間的観点からは、それが無限個の瞬間の連続によって構成されていると考えてみることができる。しかしこれらの瞬間は厳密にはそれ自体は長さをもたないのであった。長さのない音は聞くことができない。つまりそれが「ア」という音を構成しているとしても、その一つ一つの今は原理的に聞くことができないのである。言いかえれば、「ア」という一定の長さをもった音の連続体のなかにあって、瞬間としての今が次から次へと生じては消えていき、そこに一定の軌跡を残す。われわれはかろうじてその軌跡を、「として」を介していわば事後的に追認し、それを大まかに今の知覚とみなしているということになるのである。西田が「非連続の連続」をいうとき、そこにはつねにこうしたやっかいな瞬間のパラドックスが隠されている。これは仏教にいう「刹那滅」の考えに接近した考えで、ひとたびこの考えを受け入れるかぎり、それ自体知覚不可能な瞬間が一定の知覚可能な対象を生み出すというゼノンのパラドックスにも似た背理に遭遇してしまうことになる。「非連続の連続」とか「一即多」あるいは「絶対矛盾的自己同一」といったように、西田哲学の概念が多く矛盾をはらんだ表現をとるのも、おそらく偶然ではなく、原理的にはこの今のはらむパラドックスに起因している。

ところで「ア」という音が知覚不可能な無数の瞬間によって構成されているという背理的な考えは、その一定の長さが無数の瞬間に分割されうるという考えを前提にしているのであった。しかしこの無限分割という考えは一度疑われてよい。とくにそれが時間概念に適用される場合、その考え自体が恣意的な構成物であるという可能性は充分に残っている。そもそも分割は一定の長さ、あえていえば空間化された長さが与えられた後にしかできない。あるまとまりをいったん分割しておいて、あらためて集合させるというやり方は数学における微分積分法のやり方と同じである。つまり、そもそも無数の今という瞬間の集積としての音という想定はそもそも事後的に作り上げられた虚構にすぎないのではないのかという原理的な懐疑が可能なのである。そしてそのかぎりにおいて私自身もこの懐疑を正当なものと考える。

しかし、こうした反論をすべて認めたとしても、まだ唯一虚構として片づけられない一点が残っている。それは「ア」という音が発せられる発端の瞬間である。それが何秒何分続くか、つまりその長さに関わりなく、どんな音にも発せられる始まりの瞬間というものがある。静寂ないし他のもろもろの雑音を破って「ア」という音が出現するまさにその瞬間である。言いかえれば、それは「ア」という音とその他のもろもろの雑音とを区切る切点のようなものであり、そこからわれわれの知覚が始まる一点である。少なくともこの瞬間は恣意的な想定ではありえない。つまりそのかぎりであの瞬間の抱えている問題、すなわち主客の区別も意味も成立しないパラドキシカルな次元という問題は依然として残るのだ。

ふつうにはこんな瞬間を問題にするのは恣意的で無意味だと思われよう。しかし、私にはこの瞬間は非常に重要なものだと思えるのである。いましばらく日常的な例に即して説明してみよう。今突然轟音が鳴ったとする。轟音は不意にわれわれを襲う。その瞬間われわれは一切の事態が分からないまま狼狽する。あるいはパニックに陥ることもあるだろう。われわれはこの音の「意味」を知らない。まさに知らないがゆえにパニックに陥るのである。やがて落ち着きを取りもどしたわれわれは、今の音はいったい何だったんだろうと想像や推理をめぐらす。落雷？　工事現場？　何物かの墜落？　つまりわれわれは「それ」に「意味」を与えようとする。そのうちだれか目撃者が現れ、それがビルの爆破だったことを伝えるかもしれない。そのとき意味づけが確定し、われわれはそれをビルの爆破「として」認識する。

なぜ、こんな例を出すかというと、私はこの一見例外的に見える事態は多かれ少なかれわれわれの知覚の基礎構造を拡大して示しているのではないかと考えるからである。われわれの知覚対象はたいていはすでに知っているもの、馴染んだものである。だからすべての知覚や認識が初めから意味づけないしゲシュタルトとともに開始されると思っている。ゲシュタルト心理学やメルロ＝ポンティ、あるいはさきに触れた廣松渉の四肢構造論などを引き合いに出すまでもなく、この考えはむろんそれなりに正しい。知覚はけっして、かつてヒュームが想い描いたような個々ばらばらの要素としてのセンス・データの寄せ集めではなく、既成の知や既成の言語にもとづいて、ある意味では一挙に地から浮かび上がる図「として」の意味やゲシュタルトを開示するからである。

しかし、ここでひとつ見逃されてはならないことがある。それは、この既知性にもとづいた知覚は、こと未知のものに対してはまったく無力であるということだ。突然の轟音による驚きや狼狽はそこから生ずる。そこで問い直されてよいと思うのは、われわれのどんな知覚においても、そのベースには、本来未知による不意打ちというファクターが働いていないかということである。言いかえれば、この未知との遭遇がふだんは既知性ないしルーティーンによって覆い隠されているだけではないのかということである。轟音の例はわれわれにその構造を拡大して見せていると考えることはできないのだろうか。『ゲシュタルトクライス』のなかでヴァイツゼッカーはアウァスペルクとシュプロックホフの実験にもとづいて、運動の知覚においては「同一の眼が同一の動いている光源について同時に二つの異った形像印象《ビルトアインドリュッケ》を提供し、その一方は予想《エアヴァルトゥング》に相応するような性質をもち、他方は意外《ユーバーラッシュング》さに相応するような性質をもつ」(5) ことを指摘した上で、こう述べている。

意外さというのもネガティヴな種類の予想であり、一つの逆説《パラドクシー》に他ならない。或る状態が変化しないという予想が充たされるか充たされないか、なのである。この種の概念は時間の中での諸機序についての判断を含んでいるだけでなく、時間そのものについての判断をも含み、従って何らかの量的時間的秩序としてでなく、秩序そのものの出現についての質的決定《クヴァリタティーフェ・エントシャイドゥング》として述べられるべきものである(6)。

前章で西田の「永遠の今」には未知なる他性による不意打ちというファクターが働いていることを指摘しておいたが、この不意打ちのファクターを度外視して、既知の意味の世界においてのみとらえられる「今」は、まだ「今」の半面でしかない。それはすでに意味へと馴化された「今」、いわば対象化され、なかば死んだ今である。これに対して「今」を生き生きとした今たらしめ、それに生命を吹きこむのは、じつは未知性との遭遇ないし、それへの構えならぬ構えである。これは従来現象学がいってきたたんなる「未来志向protentio」とは別のものである。真に未知なるものに対しては、そもそも未来志向という一種の志向 intentio や予測ということが不可能だからである。にもかかわらず、そこにはかろうじて未知性に向かう何かがある。この未知性に向かうファクターがなければ、今はたんなる過去の集積体にしかすぎず、そこにベルクソンがいうような「飛躍《エラン》」なども生じようがないといわねばならない(7)。

筆者は西田の純粋経験のなかにも、このような知覚の発端の瞬間、つまりそれ自体はふだん意味的既知性によって隠されている「見えざる基層」があると考える。フッサール風に表現すれば、それは一種の「原知覚」のようなものといってよいかもしれない。こうして見てくると、純粋経験が今という瞬間であるといっても、それは数学物理学的に表象されたニュートラルな零点などといったものではありえなくなる。だから『善の研究』には次のような記述さえ見られることになる。

純粋経験の直接にして純粋なる所以は、単一であつて、分析ができぬとか、瞬間的であるとかいふことにあるのではない。反つて具体的意識の厳密なる統一にあるのである。(8)

一見今までの説明を否定するような誤解を招きやすい表現だが、この引用がいおうとしているのは、もし純粋経験をたんなる数学物理学的「瞬間」としてとらえるだけならば、それは間違いだということである。純粋経験という「質的決定」をはらんだ「驚き」と「飛躍」の瞬間は、そのなかに濃密な内容をポテンシャルとして内包させており、たんなる「ゼロ」ではありえないからだ。それはむしろキルケゴールのいう「瞬間」に限りなく接近しているといえよう。

二　歪む言葉

では、こうしたきわどく生々しい内容をはらみながらもそれ自体はいまだ言葉へと体現していない直接的な瞬間を前にして、なおかつそれを言葉で表現するとはどういうことであろう。すでに述べたように、言葉が出たとき、つまりそれに何らかの意味が与えられたとき、それはすでに事後である。それによって表現された今はもはや生きた直接の今そのものではない。それは多かれ少なかれ停止し、事後的に形(意味)を与えられた今、言いかえれば、対象化された今である。これは今の生け捕りではない。今はすでに死んでしまっている。逆にいえば、西田の狙いはまさにこの今の生け捕りにあった。言葉の網をつかってこれをすくいとろうとすれば、その今は死んでしまう。どんなものであれ、言葉という網は多かれ少なかれ今を干乾びさせてしまう。言葉はそのように宿命づけられているのだ。では、そのような本質的矛盾ないし不可能性を承知しながら、なおかつ生け捕りを試みようとする言葉は今に対してどのように振舞うのであろうか。

語りえないものを前にしたときの言葉の最初の反応はさしあたりためらい足踏みするこ

と、または佇むことである。この躊躇を表しているのが、西田の場合、あの異様な反復の目立つ文体であろう。本当はこのことを証明するには西田の一冊の著作を示すのが一番よいのだが、ここでは論文「私と汝」から瞬間概念について述べた短い一例だけを出しておく。

瞬間は自己自身の底深く秘められた自己否定によつて、他の瞬間に移り行くのである。無限の過去から無限の未来に亘る時の流と考へられるものは、かゝる意味に於て瞬間そのものの中に蔵せられたる無限なる自己否定の過程に過ぎない。故に、我々は瞬間が瞬間自身を限定すると考へられる瞬間的限定の底深く入れば入る程、そこにすべてを包む最大の時の流に撞着すると考へるのである、一度的なる絶対時に撞着すると考へるのである。そこに事実が事実自身を限定するといふ意味があるのである、〔…〕(9)

この引用にもよく出ているように、「純粋経験」や「永遠の今」といった本来語りえないものを表現しようとするとき、西田の選ぶ言葉は歯がゆいばかりに堂々巡りを繰り返すばかりで、なかなかそのターゲットの中心に向かって前に進み行かないという印象を与える。しかも、実際に数えてみればわかるが、西田のつかう語彙は著しく数が少ないのである。だからその限られた用語が一ページのなかで何度となく繰り返されることにもなる。こうした用語の旋回運動を繰り返さなければならないのは、そこに用いられる言葉がなかなか「今」にまで達しないからだが、西田のディスコースは今の一点を見つめながら、いつまでもその周りを旋回しつづけ、その旋回の輪が少しでも内へとずれこむことを願っているかのようである。引用でいえば、「瞬間に秘められた自己否定」、「瞬間が瞬間自身を限定する」、「事実が事実自身を限定する」といった表現はいずれも同一の事態をずらしながら反復している。つまり西田のディスコースは普通の論理的記述のようにリニアには進んでいないのである。リニアに、つまり無理に言葉を近づけようとすれば、傷つきやすい対象はすぐに死んでしまうか、逆に駆り出された言葉の方が崩れてしまうことを西田はよく知っている(10)。

では、純粋経験や純粋の今を前にして西田のディスコースはただ永遠の旋回運動を繰り返していただけなのか。西田の場合、旋回運動の言葉はさしあたり既成の哲学用語から選び取られてくる。しかし、その既成のボキャブラリーによってはどうしてもそれ以上進むことができないとき、おうおうにしておこなわれるのが、いわゆる言語新作 Neologismus というストラテジーである。西田哲学においてはこの例は枚挙にいとまがない。どういうことか。「純粋経験」、「非連続の連続」、「於いてあるもの」、「無の場所」、「行為的直観」、

「永遠の今」、「絶対矛盾的自己同一」等々、これらよく知られた西田哲学独特の概念はいずれも既成の単語を拠りどころにしており、そのかぎりでは新作言語とは言えないのだが、しかしこれらの概念は実質的にはもっぱら西田のディスコースの世界でのみ意味をもつジャーゴンというべきで、その世界を一歩出た一般的言語使用の世界ではほとんど意味をもたない。つまり既成の言語システムに片足をかけながらも、他方はすでにそのシステムの境界を踏み破っており、そのかぎりではやはり一種の新作言語と言ってよいのである。

知られているように、この言語新作の極端な例は精神病者に見られる。ある種の病者たちは自分で勝手にアルファベットを組み合わせて自分だけが理解できる(あるいは自分にも理解できない)新しい言葉を作ってしまう。むろんこの現象は、ごく稀だが、漢字のような視覚性を特徴とする言葉にも見られる。(11) 後にも触れることになるが、この病者による言語新作は、ヤーコブソンの失語症研究が明らかにしたように、多くメトニミー(換喩)表現と相関的な「隣接性 contiguity」の法則からの逸脱として生じ、それが一定の了解可能性の限界を突き破ってしまうところに生ずる。つまりこの病的新作言語のシニフィアンはシニフィエ(意味)を結ぶことができない。シニフィエは原理的に他者の承認を必要とするからだ。晩年のソシュールが自らの狂気と引き換えに取り組んだのもこの現象と重なるアナグラムの問題であったことはよく知られている。(12) ラカンの精神分析などはあくまでこれらの延長上にあるといってよい。病者の場合、その共同了解可能性の限度を突き破った新作言語、言いかえれば、一定の言語ネットワークから逸脱してしまったシニフィアンによって、逆に主体の側が翻弄されてしまう。そしてそのネットワークのなかに体現される他者性を失った主体は、ついにはそれ自体の解体にさえ至ってしまうことがありうるのだ[13]。

これに対して西田の言語新作はどうか。西田の主体はむろん崩壊していない。しかし、彼の哲学的新作言語が既成の言語システムの境界を越えようとするかぎりにおいて、当然主体は解体にまでは至らないにせよ、境界を出ようとするその分の動揺を被らざるをえない。もともと主体とは一定のシステムへの「従属 subject」においてのみ成立するものだった。言語システムの動揺が発話主体の動揺をもたらすのは自明である。そしてほかならぬこの主体の動揺分が、あの主客未分の純粋経験への接近度を表しているのである。こうした主体の動揺を伴う言語新作はなにも西田に限られたことではない。これは新しい考えやアイディアが生み出されるところに普遍的に見られる現象であって、それは哲学の世界でも同様である。ハイデッガーやデリダを初めとしてわれわれの周りにも哲学的新作言語が満ち溢れているし、誇張していえば、漢訳された仏教用語などはほとんど化石化した新作言語の集積だといってもよいくらいである。

興味深いことに、この新作言語すなわちジャーゴンの多用ということに比して、西田はメタファーをつかうことがきわめて少ない。これはどういうことだろうか。一般に、われわれが語りえぬものを前にして最初に立てる言葉の戦略はメタファーである。シニフィアンを連想的に横ずらしにしながら、そのずらしによって語りえぬ穴を塞ごうとする方法である。ヤーコブソンの言葉をつかえば、「相似性 similarity」にもとづく比喩方法である。だがこの場合注意すべきは、メタファーにつかわれるシニフィアンはすでに一定のシニフィエを前提にしているということである。連想はこのシニフィエの「相似」に依拠している。これはあらゆる言説が言葉に詰まったときにつかう方法であり、詩を中心に多く文学作品のなかに見ることができるし、われわれの日常の言説においても稀ではない。だが、西田はこの戦略をとらなかった。なぜなら、西田の直面していた「純粋経験」という「語りえぬもの」は、そもそも既成のシニフィエに依拠してアプローチできるものではないからだ。

西田のディスコースはだから、メタファーよりも原理的にメトニミーにつながる言語新作の方向を優遇した。つまり、西田のディスコースはそれだけ既成言語の解体という方向に向かったのである。なぜならシニフィエの安定性を拠りどころとするメタファーとちがって、ヤーコブソンのいう「隣接」関係にもとづくメトニミー型のシニフィアンは、それを文字素(アルファベットなど)の次元にまで突きつめると、最終的にはシニフィエを結ばなくなるどころか、それがシニフィアンであるかどうかさえも不確かとなって、言語行為の否定にまで至ってしまう可能性があるからである(もちろんヤーコブソンも見ているように、「相似性」にもとづいたメタファーの行き過ぎによる失語症もあるのだが)。

もっとも、西田がメタファーを避けたといっても、その代用手段をもたなかったわけではない。それはアレゴリーである。この概念の厳密な定義は難しいが、ここでは仮にディスコースの世界にのみ限定して、ある一定のディスコースのまとまりをメタファーと同じように機能させる表現戦略としておこう。分かりやすい例は、ある譬え話をなんらかのモラルを教示するためにつかうような場合である。宗教的言説においては、メタファーに並んでこれも多く見られる。だが、西田が依拠したアレゴリーはそうした教訓を伝えるようなナラトロジーではない。ずばりいって、それは数学である。

ここでは詳しく論ずることはしないが、「非連続の連続」、「永遠の今」、「無の場所」というようなものを説明するとき、前章の「周辺のない円」や「底無しの円錐」の例が示しているように、西田が幾何学的表象はもちろん微分積分や整数論、それに集合論における空集合などの考えを利用したことはすでに知られている[14]。だが、誤解してならないのは、西田はこれらの数学的理念をそのまま自分の哲学に適用したのではないということである。逆に、既成の言語では表現困難な自分の考えを表現するために数学的知見や表象を利用したのである。この態度の相違は大きい。それはさきに述べたような純粋経験の瞬間と数学物理学的瞬間ないし零点とが決定的な地点で分かれることともつながる。つまり西田の数学との格闘はそれ自体が大掛かりなアレゴリーなのである。だから本当をいえば、西田の数学論議が数学的に厳密ではないとか、まちがっているという批判は、数学的論理学的にはそれなりの意味をもつかもしれないが、そのアレゴリーとしての働きを無視してしまうならば、哲学的にはほとんど無意味な批判といってよい。それはフロイトの『科学的心理学草稿』と神経生理学の関係に似ている。(15)

西田の表現スタイルに関するこうした一連の特徴を考えなおす意味で、あらためてヤーコブソンが「隣接性障害 contiguity disorder」の進行過程を述べた次のような言葉をあげてみよう。

失語症患者が語を音素的構成要素に分解することができなくなると、その語の構造に対する支配力は弱くなり、音素やその結合に関して相当な破損が容易に引き続いて起こる。失語症患者における音パターンの漸次的退行は、小児の音素習得の順序を規則的に逆転する。この退行は同音語の膨張、語彙の減少を伴う。この二重の――音素的および語彙的――不具化がさらに進行すると、発話の最後の残滓は一音素・一単語・一文の発話である。患者は、幼児の言語発達の最初の段階、あるいはさらに小児の言語以前の段階に、逆戻りする。ことばを用いたり了解したりする能力の完全な喪失である普遍的失語症 aphasia universalis に直面する。(16)

われわれは、なにも西田をむりやり失語症患者にしたてる必要はない。問題にすべきはこの進行プロセスである。前提確認のために補足しておけば、障害される隣接性とは、ヤーコブソンによれば、単語における音素の並び、成句や文のなかでの単語同士の順序関係、さらには文と文との順序関係を意味する。言語学的にいえば統辞論的側面に相当するが、ヤーコブソンはこれを音素レベルにまで徹底していったわけである。この場合、単語における隣接性には組み換えの自由度はないのに対して、文から文章へと単位が大きくなるにつれてその組み換えの自由度は高まっていく。したがって隣接性が障害をうけるということは、この統辞的機能および音素の決められた結合関係が機能しなくなるということである。具体的にいえば、文の並びにおける「逸脱」は許容度が高いため気づかれにくいが(それはある一定の許容範囲内にあっては文体の「個性」として扱われる)、これが文のなかの単語の配列に現れると、その逸脱は目につきやすいし、場合によっては「意味」をなさなくなる。これがさらに単語内の音素の配列の狂いとなれば、その逸脱と無意味は歴然とする。

たとえば簡単な話が、pig はこの配列においてのみ「豚」というシニフィエをもたらすが、gip や pgi ではもはや意味をなさない。

引用文でヤーコブソンは、こうした失語化のプロセスを念頭に置きながら、その第一段階として「同音語の膨張、語彙の減少」を指摘し、それがさらに進行すると「一音素・一単語・一文の発話」になり、最後は「普遍的失語症」に至ると言っているわけだが、このプロセスが興味深いというのは、それがまさにわれわれがテーマとしている「語りえぬもの」への接近において言葉がこうむるプロセスと非常によく似ているからである。西田の哲学的言説が「同音語の膨張、語彙の減少」を特徴としていることはすでに暗示的に述べておいたつもりだが、ではこれをもっと徹底させたら西田の言説はどうなりえたのだろうか。こういう好奇心を抱く者にとって、ヤーコブソンの右の指摘は次のような重要な問題への架け橋になりうると思われる。それは西田の哲学的ディスコースには直接姿を現さない西田自身の禅体験と沈黙の問題にほかならない。

三　シニフィエを拒否するシニフィアンおよび沈黙

西田が一時期集中的に禅にうちこんだことはよく知られているが、その禅というのは臨済禅であった。中国、日本の禅宗の歴史において臨済禅は曹洞禅と並ぶ双璧だが、両者のちがいを際立たせているものに「看話禅《かんな》」と「黙照禅《もくしょう》」の区別がある。前者は公案と呼ばれる言説をつかっての指導、後者は只管打坐、すなわち沈黙趺坐を通しての指導である。したがって臨済禅の修行をした西田は公案という特殊な問答言説を経験したことになる。またこのとき西田に課せられた公案が無字の公案であったことも知られた事実であろう。私が問題にしてみたいと思うのは、この公案と呼ばれるきわめて特殊なディスコースならぬディスコースである。

よく引き合いに出される有名な公案ないし禅問答を例にとって、その問題の在り処を考えてみよう。『趙州録』(『無門関』第三七則、『葛藤集』第九則)に記録されている公案である。あるとき一人の僧が趙州に向かって「如何なるか是、祖師西来の意」と問う。趙州答えて曰く「庭前の柏樹子」と。僧の質問は、いったいなぜ祖師すなわち達磨大師は西のインドからこちらへやって来られたのでしょう、その意味は、という質問である。この問い自体すでに含みをもっているが、何より問題なのはこれに対する趙州の答え「庭前の柏樹子」である。これはこのディスコースを独自に解釈した上田閑照に従うならば、一種の「根源語」ということになろうが(17)、あえてヤーコブソンの言葉を借りていえば、まさに「一音素・一単語・一文の発話」にほかならない。われわれはまずこの答えに面食らわされる。

論理的にはまったく意味をなさないからである。上田も述べているように、これが返答であるかどうかさえも疑わしい。次にわれわれはたいていこれを一応の返答とみなし、このなかには何らかの意味が隠されているにちがいないと考えないだろうか、庭や柏の樹は何かのメタファーなのだろうと。つまりわれわれはあくまでもそこにシニフィエを求めるのである。だが、公案ではこうしたアプローチは一喝のもとにつっぱねられてしまう。

「庭前の柏樹子」はたしかにひとつのシニフィアンである。だが、それはシニフィエをもたない。もってはならないのだ。言いかえれば、それは「一語文」からさらに「普遍的失語症」への移行を開始するシニフィアンなのだ。すべてを徹底的に空じようとする仏教では当然言葉もまたその対象となる。出来あがった「意味」を介した理解は「自得」にはならない。シニフィエをもたないシニフィアン、それはディスコースならぬディスコースである。ディスコースであることを自らつっぱねるようなディスコースといってもよい。にもかかわらず問う者と答える者との間に何かが通じた、あるいは生じた。何が生じたのかということに関しては、むろんこの世界に通じない私には文字通りいうべき言葉がないが、ただひとつだけ指摘しておきたいことがある。それはこの意味不明の返答は確実に問い手の不意をつき、一瞬その人物を宙吊りの状態に追いやったはずだということである。文字通り「虚を突かれた」という事態である。つまり前章で述べたような、他性としての未知が不意打ちのようにして襲う今の瞬間というファクターがここで剔き出しにされたのだ。禅問答の答えは必ずしも言葉によって返されるわけではない。「喝!」という大声が飛んでくることもあれば、問い手の顔を張ることもあるし、その胸倉をつかまえて、逆に問い手にその答えを迫るような「理不尽」なことさえも起こる。私にはそれは今という瞬間の孕む底なしの未知性を「驚き」とともにあらためて自覚させるひとつの研ぎ澄まされたメソッドであるようにも見える。日本では稀有なオールラウンドの宗教学者だった井筒俊彦もこう述べている。

公案は全く無意味(とみえる)言表の無意味性を著しく強調し、これを人間意識につきつけることによって、日常意識をその極限に追いつめ、遂にはその自然的外殻をうち破らせようとする手段である。(18)

われわれは少なくとも西田が体験したディスコースのなかにこうしたディスコースを否定するディスコースというようなものがあったことは知っておいてよいだろう。だが、重ねて強調しておきたいのは、西田は自分の哲学的言説にこのディスコースをつかうことをしなかった。死ぬまで『臨済録』と『歎異抄』を座右の書としたという西田だったが、彼の哲学はむしろ徹底的にシニフィエを求める方向で追究された。言いかえれば、あくまで「同音語の膨張、語彙の減少」と「新作言語」と「アレゴリー」の次元にとどまりつづけたのである。それが宗教とは区別された哲学というものの分限であるとでもいうように。つまり、西田は禅を通して言語がぎりぎりのところまで突きつめられ、それが解体の淵にまで追いやられることを知っていたにもかかわらず、哲学の言説としてはあえてそうしたラディカルな表現を避けたのである(このことは西田哲学を過剰な神秘主義的解釈から守るためにも強調しておかなければならない)。とはいえ、この回避はそのままそういう思想的含みまでが抹消されてしまったことを意味しない。それは反復表現、言語新作、アレゴリーといったものによって代補されつづけたのである。

禅に関してもうひとつ問題になるのは「黙照」、すなわちディスコースそのものの否定としての沈黙、いわば「普遍的失語症」である。とはいえ、これはたんなる言葉の消失ではない。さきにあげた上田閑照は沈黙概念を次の三つに分けている。それは日本語で「黙る」と「沈黙」と「黙」である。「黙る」は文字通り何も話さないこと、「沈黙」はいわゆる沈思黙考、「黙」が本来の仏教概念で、「話しながらも言葉を貫いて無限の開示性の絶対的静寂の中へと黙り入ること sprechend durch das Wort hindurch in die absolute Stille der unendlichen Offenheit hinein schweigen」を表すという[19]。私はこの定義についてもその正否を論ずる資格をもたない。ただいえることは、沈黙はけっしてたんなる言葉の消失という事態に尽きるものではないということだ。これは日常の会話でさえもいえることで、ひとつの沈黙が哀惜やプロテスト、バツの悪さ等々とさまざまな色合いを帯びることからしても自明のことであろう。だが、これらの日常的沈黙はまだなんらかの「意味」を担っている。あるいは意味が交わされる狭間にあって、それを補う役割を果たしているといった方がよいかもしれない。いわゆる「行間」も同じである。上田のいう「黙」はしかし、これらとはまったく次元を異にする沈黙である。上田にとって「黙」とは「根源語」ひいては言葉そのものが発せられる、その母胎のような原事実であって、たんなる既成の意味伝達の穴を埋める補完物というようなものではない。そして私自身はこうした次元がすでに今という瞬間のなかに含まれていると考えるのである。あのハイデッガーの「言葉はしじまの音として語る Die Sprache spricht als das Geläut der Stille」という知られた文句もまたそのような次元を問題にしているのであろう(20)。

そういう意味で私には再び精神病理学の知見が興味深く見えてくる。いわゆる沈黙療法の実践家でもある精神科医の松尾正は、そこでいわれる沈黙を次のように位置づけたのであった。

〝沈黙〟とは、分裂病者の「非建設的」で「不毛」な〝沈黙〟に対して、「治療者自身の内的過程を言語化」などせずに、治療者自身もその「不毛」な〝沈黙〟に身をまかせ、「我関せず」と同時に「我を忘れ」、ただ病者とともに居るという状況なのである。(21)

松尾によれば、こうした療法を始めると、初めは病者と治療者との間に緊張感の伴った沈黙状態が生じてくるが、それをさらにつづけていくと、同じ沈黙でも、やがて「あらゆる周囲世界を端的に実在的に対象化せず、単に自己の表象的非措定的意識に漂う(22)」ような状態が出てくるという。松尾はこれらを「沈黙Ⅰ」「沈黙Ⅱ」として区別するわけだが、興味深いのは、いうまでもなくこの「沈黙Ⅱ」の方である。松尾によれば、この段階では言語的対象化も自己意識も、さらには自他を区別する意識も存在しないという。だが真に興味深いのはこのさきである。一例を示そう。以下は松尾の別の研究報告からの引用である。

入院後七ヵ月ほどたった一二月のある日、いつものように雑木林や池の周囲を二人でブラブラと散歩しているときであった。フッと私が眼前の地面の上に土色のバッタを見つけ、足を止めて彼に「ホラッ……バッタ」と呟いた。彼は「エッ……何処？」と身をかがめ、バッタを探そうとした。私がバッタの方を指さし、「ホラ……あそこに、あそこに」と彼に居場所を教えようとした。しかし、彼はそのバッタをなかなか見つけることができず、次第に二人でそのバッタの方に近づいていくと、そのバッタがピョンと跳ねた。やっとそのバッタに気づいた彼は、「アア……」といった。そしてその後、しばらく二人はその場に立ち止まり、バッタの逃げた方向を見つめていた。その日は、それ以上、そのバッタのことは話題にはならなかったが、次の日から、彼は私が土色のバッタを見つけ、自分がそのバッタに驚いたことを何度も楽しそうに繰返し口にするようになった。(23)

松尾と小坪はこのバッタを見つけたときの瞬間を、いったん対象化や自他の意識が消えた沈黙IIの世界においてはじめて治療者と患者が間主観的に共通の言葉を共構成できた瞬間と解釈しているが、(24)これはわれわれの関心からいっても非常に示唆的な瞬間である。なぜなら、それは本来言葉によるアプローチを拒否する純粋経験の方から逆に言葉が立ち上がってくる瞬間を意味しているからである。しかもここでは、その立ち上がりが「驚き」を伴って治療者と患者との間主観性の場において生ずることが示されている。さきに触れた上田の根源語の考えに重ねていえば、それはまさに「如何に驚くか、まだ言葉にならないその「驚き」がそのまま「驚き」として発せられるような根源的出来事」にほかならない[25]。だからここに見られる間主観性はもはや出来あがりの、そういってよければルーティーン化したそれではなく、両者の間に新たに生まれたフレッシュな間主観性である。振りかえって、あのディスコースならぬディスコースたる禅問答も、どれほど言葉の節約がなされようと、それはけっしてモノローグではなくて、あくまで他者とのそのつどの新たな出会い(まさに一期一会)、つまり原対話とでもいうべき間主観性においておこなわれるものであることを忘れてはならない。

西田の言説的格闘はあくまで純粋経験へ、と迫ろうとするところに生じていた。それに対して、この病者の例では逆に純粋経験から、の言葉の立ち上がりが語られている。西田が純粋経験の「分化発展」ということで考えていたことは、おそらくこうした事態と無関係ではない。それは私の言葉でいえば、未知性によって不意打ちされた今が「意味」へ転じようとする瞬間である。松尾たちの沈黙療法は図らずもその機制を見事に示している。あるいは上田のいう「根源語」や、ひいては仏教における真空からの帰還(「還相」)もまた、どこかでそういうことと重なっているのかもしれない。ちなみに『十牛図』第九返本還源《へんぽんげんげん》、また第十入鄽垂手《にってんすいしゅ》では他者との邂逅が描かれていることを書き添えておこう。

(1) 西田『善の研究』三三頁。
(2) 同書、三〇頁。
(3) 同書、六一頁。
(4) 廣松『存在と意味』第一巻および『世界の共同主観的存在構造』における現相(フェノメノン)の四肢構造論の論理展開の全過程において「として」という概念は中軸的な役割を果たしている。
(5) ヴァイツゼッカー『ゲシュタルトクライス』二二八頁。
(6) 同書、二二九—二三〇頁。
(7) 後の章で問題にするように、私見では九鬼周造の「偶然性」もこうした点から再検討される必要がある。九鬼は次のように述べている。「あらゆる可能性があらゆる順序で円環的に実現されるとしても、その全体があるといふこと、何々……があるといふこと、それ自身が、驚きに価ひする偶然である。〔…〕「がない」ことでなくて「がある」といふのは、絶対無の自己限定とか、永遠の今の自己限定とかいふ概念で表現され得るかも知れないが、それでもなほ「がある」ことの偶然性は依然として除かれない。絶対無なり永遠の今なりが、自己を限定するか、しないかに偶然性が固着してゐる」(『人間と実存』一七〇—一七一頁)。九鬼は永遠の今のなかに驚きをもたらす偶然性を見ている。これは九鬼なりの西田批判とも読めるのだが、それは私の観点からすれば、今という瞬間が不意打ちする未知性をはらんでいるということの表現にほかならない。
(8) 西田、前掲書、一一頁。

(9) 西田「私と汝」、『無の自覚的限定』二九八頁。
(10) 拙著『西田幾多郎』第一章参照。
(11) 拙著『精神病理からみる現代思想』第四章参照。私がここで念頭においているのはヘンやツクリを勝手に組み合わせて新作漢字を作ってしまうような場合であるが、これは精神病に限られない。「流行語」のなかには音声に基づいた新作言語と並んで、こうした視覚をもとにした新作言語が出現しうるからである。
(12) このソシュールにおけるアナグラムの問題については、丸山圭三郎『ソシュールの思想』一五五頁以下および互盛央『フェルディナン・ド・ソシュール』三〇一頁以下を参照。ただし、私がこの現象を興味深いと思うのは、たんにここに古代詩の秘技が発見されるからではなくて、あくまでこれが言語成立の境界を暗示していると考えるからである。
(13) ラカンによるメトニミーと精神病との関係については、ラカン『精神病』下、とくにそのXVII、XVIII章を参照。
(14) 拙著『西田幾多郎の憂鬱』第一三章参照。
(15) 周知のように、初期フロイトは神経生理学の研究にうちこみ、その成果は『科学的心理学草稿』となって表されたが、神経生理学の用語を駆使して展開されるこの難解きわまる草稿の記述のなかに後の無意識論の祖形を見出すことは不可能なことではないし、またその方向でこそ読むべきであろう。なお、これに独自の解釈をほどこしたものとしては、デリダ「フロイトとエクリチュールの舞台」、『エクリチュールと差異』下を参照。

(16) ヤーコブソン『一般言語学』三八頁。
(17) 上田『禅仏教』第二章参照。
(18) 井筒『意識と本質』三七八頁。
(19) Ueda: „Schweigen und Sprechen im Zen-Buddhismus“, S. 102.
(20) Heidegger: *Unterwegs zur Sprache*, S. 30.
(21) 松尾『沈黙と自閉』三六頁。
(22) 同書、一一五頁。
(23) 松尾正・小坪大作「「知覚される他開」から「生ける他開」へ」二〇七頁。
(24) 同論文、二一三頁。
(25) 上田、前掲書、六七頁。

第三章　場　所――逸脱するコーラと無化する場所

はじめに

「永遠の今」に狙いを定める本書にとって、どうしても避けて通ることのできないもうひとつ別の概念がある。それは「永遠の今の自己限定」という考えが前景に出てくるのと時期的にもほぼ重なるようにして出てくる「場所」という、これまた西田独特の難解な考えである。予備考察のつづきとして、この問題にも触れておくことにしよう。

西田における「場所」はよく誤解されているような、時間とは区別される空間的地理的な意味での場所のことではない。それはむしろ時間と一体となった直接現在という「場」のことである。この時空未分の場とは、それ自体が出来事としての事態であり、そこではいまだ実体やものが姿かたちをとって現れ出ていない。『善の研究』の西田はこれを「純粋経験」と名づけたのであったが、この時空未分の「純粋経験」としての現在の場には、当然にもいまだ主客の区別もない。しかし、逆にいえば、主客の区別がないということは、その現在にはすでに対象もそれをとらえる意識もともに未分化なかたちで潜在しているということである。そしてその未分化な状態からの分化ないし分節化が「限定」と呼ばれる。だから「永遠の今の自己限定」の言いかえともいうべき「現在が現在自身を限定する」とほぼ同じ言い回しで「場所が場所自身を限定する」などという表現も繰り返し並列して出てくるのである。「場所」を空間的地理的に理解していたのでは、このテーゼはまったく意味不明となるはずだ。

もう少し表現をずらしていうなら、西田のいう場所とは、そこで不断に差異化すなわち「限定」が生じているような動く原点のようなものである。この事態は、あえていえば物理学などにいう「場」や「磁場」にも似たものであり、物理学概念に託してさらにいってみるなら、それは一種の「時空連続体」のようなものにさえ比定できるといえよう。独創的な西田解釈をおこなっている大澤正人も西田の場所に関してこう述べている。

> ちょうど磁場の変化が電場を生じさせ、逆に電場の変化が磁場を生じさせるように、場所は互いに変化しつつ相互に規定し合う。電場と磁場の交差するところに電磁波が生ずるように、場所の変化をもたらす全関係の結節点に物が生じる。(1)

これはたんなる比喩以上の意味をもっていると私には思われるが、その場合でもあくまで「現在」が焦点になっていることを見のがしてはならない。

こうした西田の「場所」の根本的理解が具体的に問われるのは、これを欧米語に翻訳するときである。ドイツ語を例にとっていうなら、さしあたりこの概念に対しては「Platz」「Ort」「Feld」「Topos」あたりが候補として思いつかれる。「純粋経験に関する断章」や「断章ノート」などを見ると、西田本人は、このなかの「Platz」という言葉を選んでつかっているのだが(2)、残念ながらこの語は西田自身の考えを裏切っている。というのも「広場」や「座席」を連想させるこの語ではスタティクな空間のイメージが強くなり、西田が考えたような時空未分の動的な現在という意味合いが失われてしまうからである。このことは多かれ少なかれ現行の独訳書などを通して流布している「Ort」に対しても妥当する。この語もまた地理的空間的ニュアンスが強く、やはり西田の意図するダイナミズムは排除されてしまう。またギリシア語に由来する「Topos」には文学的な「常套文句」とか数学にいう「位相」の意味があり、よけいな連想を招くかもしれない。そういうことから、私個人は西田哲学の用語としての「場所」にかぎっては、その訳語として「意識野 Bewußtseinsfeld」とか「場の理論 Feldtheorie」「磁場 Magnetfeld」などにつかわれる「Feld」、英語なら「field」あたりが妥当ではないかと考えている。たんなる翻訳技術上の問題のように見えるかもしれないが、真に西田哲学の開放を目ざそうとするなら、避けられない問題と思い、あえて付言しておく。

ドイツ語訳にかぎらず、そもそもこの「場所」概念の内容を現行の言葉で表現することの難しさは当の西田自身も自覚していたようで、「場所」をあえて「於いてある場所」と表現してみたり、そこに立ち現れるものを「於いてあるもの」と表現したりしていることなどからもうかがい知ることができる。これらの熟さない表現は、おそらくヨーロッパ語の関係副詞や関係代名詞の wo や where の直訳に由来しているのではないかと推測されるが、問題はなぜ西田がこのような苦しまぎれの言い回しをあえて用語化しなければならなかったのかであろう。

そこでこれまでの論旨との連続性を保つ意味でも、本章ではあえてこの動的な場所概念を前章で問題にした言語活動との関連において解釈しなおしてみたいと思う。

一　テクストの亀裂としてのコーラ

ゲーデルが証明してみせた自己言及性のパラドックスといった鮮やかな裏切り反転とま

でいかなくとも、言説がそれ自身のなかに自らを食い破ってしまうような裂け目を生ずることがある。それはじつは言葉の乱れとしてだけでなく、むしろ生きた言語行為そのものを支えるエネルギー源としても、あらゆる言説につきものの事柄にほかならないのだが、普通には言説は己の産み出したコンテクスチュアルな「意味」の強権によってその亀裂を覆い隠してしまう。根底において言説をはぐくむ亀裂はいわば自己疎外の目にあうのだ。だが、その亀裂がもう一歩進んで、意味による隠蔽を許さないほどに、あるいはそのコンテクスチュアルな意味に反逆する「別の意味」を生み出すほどに露出してしまったとき、発話者はただうろたえ、その主体のアイデンティティは宙吊りにされる、あたかも自動症に襲われた精神病患者のように。その哲学的な例のひとつが、プラトンの『ティマイオス』に露出した「コーラ」という概念である。まずは、プラトンの当惑ぶりを見ておこう。問題の箇所は以下のように始まる。

> それはともかくとして、差し当たってのところでは、われわれは三つの種族を念頭に置かなければなりません。すなわち、「生成するもの」と、「生成するものが、それの中で生成するところの、当のもの」と、「生成するものが、それに似せられて生じる、そのもとのもの(モデル)」の三つがそれです[3]。

これはよく知られているように、プラトンのイデア論の構図を述べたところで、それ自体としては生じることも滅びることもなく、また知覚されることもありえない範型としてのイデアないし形相《エイドス》が、生成する具体的な個物のなかに体現する仕組みを語っているわけだが、問題の亀裂はこの体現がおこなわれる場《コーラ》、すなわち「生成するものが、それの中で生成するところの、当のもの」に即して生じてくる。プラトンは範型としてのイデアを父に、体現を可能にする場としてのコーラを母に、そして体現の結果生じた生成する個物を子に比して、この三者はとりあえず父・母・子という神話的あるいはエディプス的トリアーデを成すかのように呈示される。だが、そうした一見収まりのよい図式を呈示するや否や、プラトンの言説は内から自己亀裂を生み出してしまうのである。

母に比せられたコーラは、あらゆる種類のものを自分のうちに受容するものとして、それ自体はいかなる形も性質ももっていてはならない。そうでなければ形相の体現に濁りが生じてしまうからである。つまりこの「母」は「父」と合体して「子」を産み出す、そういうペンダントをなすような「母」であってはならないのだ。それはただ「父」による単性生殖を支えるだけの「乳母」にすぎない。だからアリストテレスはこれを形相《エイドス》に対置される質料《ヒュレー》と、また新プラトン派のプロティノスは他を映すだけの「鏡」のような存在とみなしたのであった。ここにファロス中心主義的なギリシア的神話表象がはたらいているのはいうまでもないのだが、こういった図式を呈示したすぐあとで、この非対称な母としてのコーラの異様な位置に気づいたプラトンから思わず次のような言葉がもれてしまう。

これ〔コーラ〕は滅亡を受け入れることなく、およそ生成する限りのすべてのものにその座を提供し、しかし自分自身は、一種の擬《まが》いの推理とでもいうようなものによって、感覚には頼らずに捉えられるものなのでして、ほとんど所信の対象にもならないものなのです。そして、この最後のものこそ、われわれがこれに注目する時、われわれをして、「およそあるものはすべて、どこか一定の場所に、一定の空間を占めてあるのでなければならない、地にもなければ、天のどこかにもないようなものは所詮何もないのでなければならない」などと、寝とぼけて主張させる、まさに当のものにほかなりません(4)。

この奇妙な記述はいったい何を語っているのだろうか。この記述をそのまま信じてよいとするなら、コーラとはまず「感覚」によってはとらえることができず、ただ「擬いの推理」によってとらえられ、それゆえほとんど信憑性をもたない存在だということになる。

しかも引用の後半が語っていることは、コーラを文字通り何か空間的場所的な存在と理解してしまうのは「寝とぼけた」主張なのだが、そういう夢見心地の誤った主張を生み出す原因はほかならぬコーラ自身にあるといっているように聞こえる。いずれにせよコーラとは場所ならぬ場所なのだ。それはしかもそうした自己否定的な言葉によってしか表現できない存在なるがゆえに、一般の言説を導くロゴスの論理には乗ってこない。そのかぎりで信憑性ももちえないのである。にもかかわらず、つづいてプラトンが「宇宙の生成する以前にもすでに存在していたのだ」と、あえてこのロゴスを逸脱したコーラの存在を言い張るとき、父・母・子という暫定的メタファーに内側から亀裂が走ることになる。擬いの推理によってのみつかまえられ、信憑性もないものの存在を、それでもなおかつ受け入れろというのだから。

この亀裂に関しては、最近でもいくつかの解釈の試みがなされている。後論のために、とりあえずここで紹介しておきたいのはハイデッガー、クリステヴァ、デリダの三人である。

まずはハイデッガーから始めてみよう。プラトン哲学に西洋思想の宿命的歪曲をみたハイデッガーは、ささやかとはいえ、さすがにこの「コーラ」という異様な形でせり出した概念を見落としてはいない。『形而上学入門』においてハイデッガーは『ティマイオス』

からコーラについての一節を引用したうえで、それに以下のようなコメントを付けている。

『ティマイオス』のこの一節にここで触れるのは、これがパレンパイノンとオンとの、すなわち随伴現象と恒常性たる存在との相属性を明らかにするためばかりではなく、それと同時に、プラトン哲学以来、つまり存在をイデアとして解釈するようになって、場所(トポス)とコーラの本質がほとんど捉えられることなく、延長によって規定された「空間」へと作り変えられるための準備がなされたということを示さんがためでもある。コーラとはどんな特殊なものからも離れたもの、避けるもの、そのような仕方で他のものを受け入れ、それに「席を譲る」ものを意味しうるのではなかったか。(5)

ハイデッガーは存在と存在者のいわゆる存在論的差異が普遍と特殊の論理的差異に転化してしまうことを告発する。この転化とともに問題のコーラもたんなる延長を属性とする空間に転じてしまったというわけだ。ハイデッガーによれば、このヨーロッパ思想における存在忘却の歴史はプラトンのイデア/真理論に始まるのだが、コーラはそのプラトンにおいてさえも「どんな特殊なものからも離れたもの、避けるもの、そのような仕方で他のものを受け入れ、それに「席を譲る」もの」という、たんなる空間概念とはちがった意味をもっていたのではないかとハイデッガーは反問している。言いかえれば、ハイデッガーはコーラをイデア論の論理構成に収まりきらない概念と見ているのである。

ギリシャ人たちは「空間」を言い表わす語をもっていない。これはけっして偶然ではない。というのも彼らは空間的なものを延長からではなく、コーラとしての場所(トポス)から、つまり場所でも空間でもなく、そこに立つものによって占められ、占領されたものから経験しているからである。この場所は物そのものに属している。さまざまな物はそれぞれ自分の場所をもっているのである。(6)

存在が後の形而上学の歴史において忘却の彼方に追いやられてしまったように、コーラもまた空間概念によって覆いをかぶせられてしまった。その隠蔽される前のコーラがパラダイムの転換にも擬せられる大規模な隠蔽を準備したプラトン自身の記述のなかにさえ露出していること、その矛盾をハイデッガーは突いているのである。それはだから、さきほど見た父・母・子の図式を内側から食い破ってしまう非対称の母と同じことをいっていることになる。コーラは、近代物理学以降いっそう明確になってくるような、物体を抜きにしても成立するような絶対空間を意味するわけではない。それは物が存在するかぎりにおいて占める、その「場」ないし「座」である。だからそれは物の出現から独立には存在しえない、文字通りの随伴現象《ミットエアシャイネン》、すなわちパレンパイノンであり、西田の表現を借りていうなら、「於いてあるもの」と「於いてある場所」は切り離すことができないということになる。

クリステヴァはこのコーラの特異な位置に注目しながら、それをおもに二つの戦略的意図の交錯において再解釈しようとした。ひとつは、プラトンの父・母・子のメタファーをそのまま受けて、コーラの女性的特性を変革のエネルギー原理にまで高めようとする戦略であり、もうひとつは、ここにラカンによって組み替えられた精神分析の構図を読みこもうとする戦略である。ラカンの影響下にあるクリステヴァにとって、言語とは何よりもまず欲望と切り離すことのできない意味生成の過程である。だからそれを基盤に生み出される主体もまた超越論的には存在しえない。それはもともと「過程にある主体 le sujet en procès」なのだ。クリステヴァはラカンのあの象徴的《ル・サンボリック》なものと想像的《リマジネール》なものに似せて、記号象徴態《ル・サンボリック》と原記号態《ル・セミオティック》のディコトミーを導入しつつ、その「過程にある主体」の仕組みを次のように説く。

記号象徴的な制限——意味の措定、過程《プロセ》の表意的な縁取り、臆見《ドクサ》、《存在》と《主体》と

《対象》との定立——を前提としないような実践などありはしない。記号象徴態は（また言語活動は）定立的である。つまり、言語活動とはとりわけて定立なのである。とはいっても、この記号象徴的な定立は、起源（という観念論的な考え方）とは程遠く、原記号的な過程《プロセ》の切断と転位《デプラスマン》とにほかならない。逆に、また同時に、臆見も定立もない実践などないとしても、原記号態という異質的矛盾がなければ、すなわち、原記号態の周期的侵入が定立を、つまり意味し意味され得る存在を、無限にかつ無限定的にずらす《デプラセ》のでなければ、臆見や定立は単なる反復的システムとなってしまうだろう。要するに、原記号態は更新のメカニズムなのである。原記号態は、実践の記号象徴的な定立と（つまり意味や構造と）対決する時にのみ、実践の革命的ファクターとなるのである。[7]

問題のコーラはこのなかの原記号態と呼ばれるものに直接関わっている。定立をこととする記号象徴態に「過程」の性格をもたらすもの、それは記号象徴態に対して「異質」で、それに「侵入」し、それを「ずらし」つづけるような、ある種の否定の運動としての原記号態である。クリステヴァはあらゆる言語行為に潜む、この否定ないしずらしの運動を「棄却《ルジェ》」と名づけ、それをヘーゲルの「否定性 Negativität」の概念と重ね合わせたのであった。ここにイポリットによるヘーゲル解釈が影を落としているのはいうまでもない。同じくイポリットの影を帯びるラカンでいえば、「父の名」のもとに成立する象徴界をつねに突き崩しつつ、なおかつそれを無意識的に支えているようなシニフィアンの戯れる想像界、これがクリステヴァのとらえた「コーラ」のイメージにほかならない。コーラはだから、クリステヴァにとってはハイデッガーのような存在者の彼岸に想定される存在とはおよそ無縁な、ごく具体的な心理的ファクターであり、動的な言語行為の「場」である。幼児の言語、詩的言語、精神病者の言語、あるいは暴発する革命のエネルギー、それらは「母」ないし「女」の名のもとに一括されるコーラの具体的な発現形態なのだ。私はこのディスコースがいわゆるフェミニズムの論議から見て妥当なものであるかどうかを判断することはできない。少なくともいえることは、クリステヴァがこのプラトンのメタファーに拠りかかっていおうとしているコーラが、さしあたり言語論的にも心理学的にも無視できない問題を提起しているということである。

コーラはそれ自体がプラトンのテクストに穿たれ、露出した亀裂であった。それはプラトンのテクストの「定立」を脅かしていた。あくまでメタファーにとどまっていえば、父の単性生殖的自己出産にもなぞらえられるイデアの個物への体現、あるいは父子で固められるロゴス中心主義的な世界を、ロゴス化不可能であることによって揺さぶる母ならぬ母あるいは乳母としてのコーラ、これをどの次元でとらえなおすのか、またそれに対してどのような態度決定をするのか。これはしかし言語学や心理学の枠を超える、すぐれて哲学的な課題でもある。

ふり返ってみよう。ハイデッガーにとってコーラは彼が存在者から区別する存在にも匹敵する、いわば論理の外部であった。クリステヴァはこの論理の外部を、われわれが「無意識」と呼んでいるものの別名として理解している。それはあくまで否定の過程とされながら、そこには欲動の原理が仮託されている。あらゆる存在者から区別されたハイデッガーの「存在」が、そのかぎりで通常の「理解」を超え、われわれに接近しがたくなっているのに比して、クリステヴァのコーラが理解しやすいのは、それがまだ何ものかのメタファーとして機能しているからである。彼女自身の言葉でいえば、原記号態が記号象徴態によって説明されているからである。言いかえれば、論理の外部にあるものを論理によって説明しようという矛盾は、出来あがった意味を前提にして可能となるメタファーについても多かれ少なかれ当てはまるということである。おそらく「説明」というものを求めるかぎり、あらゆる言説はこのジレンマを免れることはできない。

こうしたジレンマに対し、デリダはどう考えたのだろう。

コーラそれ自体の名(「場」、「場所」、「用地」、「領域」、「地方」)に関わるものであれ、ティマイオス自身によって提案された、伝統が文彩と呼ぶところのもの――比喩、イマージュ、メタファー――(「母」、「乳母」、「受容体」、「刻印台」)に関わるものであれ、それらの翻訳は解釈の網目に捕らえられたままでいる。それらは、さまざまな遡行的投影から帰結したものであり、その投影の時間錯誤性《アナクロニスム》はつねに怪しまれて当然である。(8)

投影の時間錯誤性とは、成立した意味を前提として作動する言説が宿命的に帯びざるをえないメカニズムのことである。翻訳がすでに意味の出来あがっている言葉による対象の置き換え的解釈であるとするなら、比喩もまた意味の出来あがった表現によって対象を置き換えようとする一種の解釈である。それらはともに出来あがった意味を対象に投影しているにすぎない。翻訳される側、比喩される側は、その投影にすっぽり納まることもあるかもしれないし、そこからこぼれ出てしまうかもしれない。いずれにせよ、それはわれわれには永遠に特定できない。名指しであれ、比喩であれ、コーラをそうした置き換えによって「解釈」しようとするかぎり、それは多かれ少なかれ「存在者」ないし「記号象徴」を統べる意味、そういってよければ意味的ロゴスの支配を免れることはできない。だが、それは原理的に時間錯誤だとデリダはいうのだ。それは産み出されたものの方から産み出したものを投影という仕方で、いわば事後的に見ることになるからである。

とはいえ、こうした解釈の時間錯誤性を免れて、コーラを、否もはや「コーラ」とさえも名づけえぬような何ものかを捉えるような道があるというのだろうか。それを求めたハイデッガーの存在でさえも詩作《ディヒテン》という「解釈」を誘発するような言葉を放棄することはできなかった。たとえその解釈という概念にどのような留保を付けようとも、である。デリダはこのジレンマに遭遇した動揺を隠そうとはしない。

> ロゴスの規則性、その法、その自然なあるいは正当な系譜を超え出るものでありながら、それでいて、厳密な意味では[stricto sensu]、ミュトスには属さないものを、いかにして思考すればよいのか？　ロゴスとミュトスとの停止したあるいは遅れてやって来た対立措定の彼方で、他の多くの対立措定にと同様にこの対立措定にも場を与えつつ、時としてもはや、みずからが位置づける当のものの法には従わないようにみえる、そんなものの持つ必然性を、いかにして思考すればよいのか？[9]

このデリダの当惑は、しかしたんなる当惑ではない。むしろ自信に満ちた当惑である。デリダはハイデッガーのように根源的な存在を置くこともしなければ、ましてクリステヴァのようにコーラを何ものかのメタファーとしてつかうこともない。そもそもこうした当惑を産み出すジレンマはあらゆる言説につきまとうもの、あえてデリダの好まない言い方をすれば、あらゆる言説の本質を成しているという確信がデリダにはあるからだし、探索される「何ものか」もその言説から離れてどこか別のところに存在するようなものではないからだ。あえていえば、それは言説を内から支えつつも、ただその「効果」としてのみわれわれに開示される何ものかなのだ。だから彼が向かうのは、言説ないしテクストそれ自体に穿たれた亀裂をあくまでテクスト上の亀裂として受け止め、それを披瀝しつづけ、そのことによってロゴス中心主義的な制度一般に揺さぶりをかけるというゲリラ戦である。ゲリラは自らの政権はもちろん自らの陣地をもたない。いや、もってはならない。それはただ遊撃というかたちでのみ己を表現する。

> 第三のジャンル(48e)であるコーラは、対立措定のカップルには属さない。〔…〕このtriton genos〔第三のジャンル〕は、一つのgenos〔類〕ではない。〔…〕コーラは「女たちの種族」(genos gynaikôn)には属さない。コーラは、一つの場所を脇にのけてしるしづける——それは、「みずからのうちに」、みずからの傍らにあるいはみずからに加えて、みずからとカップルを成すように見えるものすべてに対して、ある非対称的な関係を

保持する間隔化[espacement]をしるしづけるのである。カップル外のカップルにおいて、産み出すことなく場を与えるこの奇妙な母を、われわれはもはや一つの起源と見なすことはできない。彼女＝それは、あらゆる人間‐神学的図式から、あらゆる歴史＝物語から、あらゆる啓示から、あらゆる真実から逃れ去る(10)。

今ここでデリダのエクリチュール論の核をなす「間隔化」を追うことはしない。さしあたり重要と思われるのは、デリダがロゴス中心主義に取りこまれた「意味」はもちろんのこと、一見それとは異質に見える神話／神学や形而上学から、はては比喩によって接近しうるようなものにいたるまで、これらのことごとくをエポケーし、ただそれらの「間」を遊撃しながら問題を提示しつづけているということである。だからコーラは哲学的表象と神話的表象の間で宙吊りにされる。それはそのどちらでもあるように見えながら、どちらでもない。しかしどちらでもないという断定が来そうになると、それはまたどちらのなかにもそっと身を隠すことができる。まさにゲリラである。

二　無という場所

前節でプラトンのコーラをめぐる比較的新しい解釈のいくつかを紹介したのは、一度こうした言説群と西田の場所論をつき合わせておきたかったからである。知られているように、西田の場所論は中期の著作『働くものから見るものへ』後編に収められた論文「場所」以降本格的に論じられるテーマであるが、とりわけこの論文は難解で知られる西田の著作群のなかでも、もっとも難解なもののひとつとされている。奇妙なことに解釈者たちはこれまで、この「難解さ」を自明視してきた。その上に立って、それが何を意味しているのかを解きほぐそうと努力してきた。あたかも努力さえすれば、いつかその「理解」に到達できるようになるとでもいうかのように。だが、この「場所」というテクストの「難解さ」はそれ自体がすでにひとつの問題なのではないか。一度はそういう問い返しをしてみるべきである。

これまでにも何度か書いたことだが、西田の言説は「なければならない」と「考えられる」という末尾表現による自虐的なまでに強引な断定を特徴とする。[11] 逆にいえば、それは「何故なら」という因果的論理的理由づけを著しく欠いた言説である。問題の「場所」という主役を演ずる鍵概念にしても「我々が物事を考へる時、之を映す場所といふ如きものがなければならぬ」といった調子で導入されることに注意が向けられなければならない。つまりこの「場所」というシニフィアンは導入の時点では読者にも、またそれを導入する当の西田自身にとってもまだ明確なシニフィエ(意味)を結んでいない。それはいわばさしあたり西田が自らに強いた当為の命題なのである。そのシニフィエは記述を通してこれから探られなければならない。ここに書きながら思索するという西田に特有な性格の一端がうかがえよう。たしかに西田は冒頭でこの概念がプラトンの『ティマイオス』に倣ったものだと断っている。だが、すぐさま「無論プラトンの空間とか、受取る場所とかいふものと、私の場所と名づけるものとを同じいと考へるのではない」と、否定的に述べるだけで、肝心の場所概念の「説明」はあっさりと先送りにされるのである。

西田の場所概念への入り口は空間や物ではなくて「意識」である。西田にとって、これは『善の研究』以来の一貫したテーマであった。

我々が物事を考へる時、之を映す場所といふ如きものがなければならぬ。先づ意識の野といふのをそれと考へることができる。何物かを意識するには、意識の野に映されねばならぬ。而して映された意識現象と映す意識の野とは区別せられなければならぬ。(12)

意識をひとつの「野 field」ととらえるのはさして珍しい発想ではない。それは初期西田が範としたジェームズにも見られるものであった。問題は西田がこれを認識論を超えて存在論の領域にまで広げていく、その極端なまでの徹底性から生じてくる。すなわち、一般に意識はすぐれて主観的な存在とみなされているわけだが、『善の研究』以来純粋経験における主客の区別の解消を唱える西田にとって、意識は対象から独立したたんなる主観性ではありえない。

たとえば意識作用のひとつとして最初に参照される判断作用をとってみよう。一般には判断者の判断主観は対象としての判断命題およびその意味内容とは別の次元に存在していると考えられている。そしてそこから命題の論理的妥当性に判断が下される。だが、西田にあっては、さしあたり判断意識から切り離された対象としての命題自体のもつ論理およびその真理判定というのは問題にならない。ある命題における主語と述語の関係は、そのまま対象とそれを包みこむ意識の関係と等置されるからだ。奇異に思われるかもしれないが、意識は初めから命題のなかに組み入れられてしまっているのである。もっとも、西田の考えに厳密に従おうとするなら、むしろ意識の方が命題そのものを包んでしまっているといった方がよいのだが。

体験の内容は非論理的と云ふよりも超論理的である、超論理的といふよりも寧ろ包論理的と云はねばならぬ。芸術や道徳の体験についても斯く云ふことができるのである。認識の立場といふのも体験が自己の中に自己を映す態度の一でなければならぬ。認識するといふのは体験が自己の中に自己を形成することに外ならない。体験の場所に於て、形式と質料の対立関係が成立するのである。斯く自己の中に無限に自己を映し行くもの、自己自身は無にして無限の有を含むものが、真の我として之に於て所謂主客の対立が成立するのである。此者は同といふこともできない、異といふこともできない、有とも無とも云へない、所謂論理的形式によつて限定することのできない、却つて論理的形式をも成立せしめる場所である。(13)

西田の狙っているのはいわゆる論理ではない。あくまで主体と客体とを分離することが不可能な直接経験(体験)である。そして意識とはその経験が成り立つ「場所」なのだ。しかもこの場所はいったん内容から分離したたんなる主観の形式というようなものではありえない。カント以降の認識論が考えるように、主観が対象を見たり構成したりするのではない。まず意識の場に生じた事態そのものがあり、それの事後的分節化において初めて主観や対象、ひいては論理の世界が分出してくるのである。「場所が場所自身を限定する」とか「体験が自己の中に自己を形成する」とは、そういうことである。ではなぜこの体験がことさら「無」といわれるのか。西田の無とは、よく誤解されるように、「何もない」とか「零」というような意味ではない。むしろそれは分節化以前の豊穣な事実そのままのことである。分節化されてしまえば、それに応じて直接経験の豊穣さは限定を受け、その分貧しくなってしまう。むしろ限定されないことによって、それはポテンシャルとしてすべてを無限に内包しているのである。それがまた西田にとっての「実在」でもある。

問題はこの「事実そのまま」をまさに「そのまま」にとらえようとするところに生じてくる。たとえば論文「場所」の読者が早々と遭遇する以下のような記述をどう処理したらよいのか。

真の場所に於ては或物がその反対に移り行くのみならず、その矛盾に移り行くことが可能でなければならぬ、類概念の外に出ることが可能でなければならぬ。真の場所は単に変化の場所ではなくして生滅の場所である。(14)

こう言いうるのは、この場所がもはや概念や論理を超えた直接経験だからである。論理の世界から見れば矛盾に見えることが、ここでは必ずしもそうではない。というよりも、直接経験それ自体は本当は「矛盾」など知らないのだ。また、なぜ直接経験だと「生滅の場所」になるのか。この論文で西田はまだこれに対する明確な答えを述べていないが、それは一言でいえば、後の主題考察のところで詳述するように、この直接経験が「瞬間」ないし「刹那」の出来事だからである。後の西田ならば、これを「永遠の今」とはっきり用語化するだろう(この論文では「永久の現在」という表現が一度だけ出てくる)。「刹那滅」という言葉があるように、瞬間としての今は生ずると同時に消えている。そうでなければ、それは持続になってしまう。つまり瞬間は瞬間であることによって生と滅のパラドックスをかかえざるをえない。それがここでいわれる「矛盾」の起源にほかならないのだが、これはこれまでの時間論がかかえてきた最大の難問のひとつでもある(15)。こうしたあり方をしている直接経験に対して分節化した意味を、ひいてはそこから発展してくる論理を考えることはできない。意味や論理はデリダ風に表現すれば、「差延」によって事後的に産出されるもので、その分だけ直接経験から遠ざかっているといわなければならないからだ。

論文「場所」がおもしろいのは、西田がこの瞬間に立ち現れる直接経験を、あくまで判断命題を構成する主語と述語の二つのパースペクティヴからとらえてみるとどうなるのか、という前代未聞の試みをしているところにある。西田のよくあげる判断命題「赤は色である」を例にとって説明してみよう。一般的な判断論ではまず「赤」と「色」という二つの項が前提される。そして前者は主語に、後者は述語に割り当てられる。さらにこれら二つの項をつなぐ「である」が文字通り「繋辞《コプラ》」とみなされる。だが、西田にとって「赤」と「色」はたんなる繋辞によってつながれる項ではない。「色」が「赤」を「包む」のである。一般化していえば、述語が主語を包んでいるのである。これがさきの引用にあった「包論理的」のさしあたりの含意である。だから西田はこういう。

「ある」といふ繋辞は、特殊なるものが一般なるものの中に包摂せられることを意味する。一般なるものの方から云へば、包摂することは自己自身を分化発展することである。判断とは一般なるものが自己自身を特殊化する過程と考へることができる。(16)

「赤」という概念がより一般的な「色」という類概念に属するというアリストテレス以来のカテゴリー的思考に慣れたわれわれには、この記述までは違和感を覚えない。だが、その直後につづく記述はわれわれを当惑に陥れる。

所謂具体的一般者といふものが考へられるならば、判断的関係はその中に含まれると考へねばならぬ。而して真の一般なるものは、いつも具体的一般者でなければならぬ。我々が外に物があるといふ時、それは繋辞の「ある」ではなく、存在するといふことでなければならぬ。(17)

「抽象的一般者」なら、われわれにもなじみがある。「色」は「赤」に対してより抽象的、一般的であり、そのカテゴリーの階段をさらに上っていけばよいからだ。だが、ここでいわれているのは「具体的一般者」なのだ。これは論理矛盾なのであろうか。そうではない。引用の最後の文が暗示しているように、ここで西田は認識論から存在論に移ろうとし、それをむりやり畑違いの判断論の概念装置を借りて説明しようとしているのである。たとえば「この花は赤い」という命題が真理かどうかは、それが問題にしている実在の事態に即して決められる。具体的一般者とは、この参照される実在のことにほかならない。いや参照というよりも、そうした命題を産み出す当体とでもいった方がよいかもしれない。この当体すなわちいまだ分化されていない直接経験としての実在は「自己自身は無にして無限の有を含むもの」である。それゆえの「一般者」なのであって、抽象度を高めて得られる論理的一般者ではない。後者の世界に慣らされたわれわれの目には、だから「具体的一般者」は矛盾と映る。

たちもどって、これをあくまで判断命題に即して考えてみよう。「この花は赤い」をもう一歩つきつめると、「これは花である」とか「これは赤い」というように、主語の位置に指示詞の「これ」がくる。アリストテレスはこの具体的個物を「ここにある、このもの」として、それが論理的構成素の最終審級であることを指摘したが、しかし厳密には、これは「これ」とさえも名指すことができないはずのものである。その純粋態は「これ」という最後のシニフィアンさえも抹消しなければならない。西田がいう「主語となつて述語となることなき基体」とはこれを指している。さらに重要なことは、そう捉えられると同時に、この究極の主語たる「主語となつて述語とならないもの」はいわゆる判断論理の手が及ばない外部に出てしまうということである。西田の言葉に即してより正確にいえば、「真に主語となつて述語となることなき基体といふべきものは、判断を超越したものではなく、判断を内に包むもの」ということになる。もはや言葉をもたぬ具体的一般者は、その自己限定を通して判断を産み出すものだからである。端的にいって、ここでは存在と認識の境界は打ち破られている。

では、これに対して述語はどうなるのか。主語がその究極の「主語となつて述語とならない」究極の具体的一般者にまでつきつめられたように、意識面を体現する述語もまたその究極形態としての「何処までも述語となつて主語とならないもの」にまでつきつめられうる。それが意識の純粋形態としての「述語的一般者」と呼ばれるものにほかならない。

判断の述語的方向をその極致にまで押し進めて行くことによつて、即ち述語的方向に述語を超越し行くことによつて、単に映す意識の鏡が見られ、之に於て無限なる可能の世界、意味の世界も映されるのである。(18)

主語を包む述語とは意識という場所のことであった。だから述語的方向を極致にまで押し進めるということは、同時に意識自体がその極致にまでつきつめられるということである。極致にまでつきつめられた意識はもはや自ら「働く」ことをしない。働けば、それだけ事態に濁りをもたらすであろう。だからそれはただ「鏡」のようにたんに「映す」だけのものとなる。そのかぎりで確かにそれはプラトンの母ならぬ母ないし乳母としてのコーラを想わせる。だが、ここで注意しなければならないのは、主語と述語の双方につきつめるということはそれぞれがまったく反対の方向に分かれていくことではなく、実際にはむしろ両者は無限に接近し、ついにはそうした分極化自体を解消してしまうような次元に入っていくということである。一見両極に見えるものがその区別を失って一体に向かうということである。ここに再び「無」の概念が出てくる所以がある。

併し一般の面と特殊の面とが合一する時、即ち一般と特殊との間隙がなくなる時、特殊は互に矛盾的対立に立つ、即ち矛盾的統一が成立する。是に於て一般は単に特殊を包むのみならず、構成的意義を有つて来る。一般が自己自身に同一なるものとなる、一般と特殊とが合一し自己同一となると云ふことは、単に両者が一となるのではない。両面は何処までも相異なつたものであつて、唯無限に相接近して行くのである、斯くしてその極限に達するのである。是に於て包摂的関係は所謂純粋作用の形を取る。かゝる場合、述語面が主語面を離れて見られないから、私は之を無の場所といふのである。(19)

この無という、テクストに走る亀裂というよりも、むしろテクストそのものをすっぽりと飲みこんでしまうような深淵、ここに「場所」という難解な論文の最大の「難解さ」があることはだれの目にも明らかであろう。

三　現象学的還元の還元

西田において無は二つの次元でとらえられる。

我々が有るといふものを認めるには、無いといふものに対して認めるのである。併し有るといふものに対して認められた無いといふものは、尚対立的有である。真の無はかゝる有と無とを包むものでなければならぬ、かゝる有無の成立する場所でなければならぬ。有を否定し有に対立する無が真の無ではなく、真の無は有の背景を成すものでなければならぬ。(20)

第一節に挙げたクリステヴァは、イポリットのヘーゲル解釈を受けて、たんなる否定 Negation や否 Non から否定性 Negativität を区別し、それをより根源的な棄却の過程ないし運動としてのコーラと等置したのだったが、西田もまた「真の無の場所」をたんなる否定や否、すなわち「対立的無」から区別する。そのかぎりでは両者は似ていなくもないということになるが、このいわば相対的否定と絶対的否定の区別はむろん二人だけに限られたことではなく、むしろ哲学的にもまた宗教論的にもありふれた考えだといってよい。

問題はむしろ両者の相違の方にこそ見出されなければならない。クリステヴァの否定性は棄却の運動であり、その背後には、彼女自身がはっきり述べているように、フロイト的

「死の欲動」が横たわっている。[21] 一方西田がショーペンハウアーを受けるかのように、真の無の場所に「意志」を立てるとき、[22] コーラを欲動や意志の代理表象とみなすかぎりにおいて、たしかに一見両者は接近するかに見える。だが、西田はいったん得たこの最終審級をも自ら抹消してしまうのだ。

> 意志は真の無の場所に於て見られるのであるが、意志は尚無の鏡に映された作用の一面に過ぎない。限定せられた有の場所が見られるかぎり、我々は意志を見るのである。真の無の場所に於ては意志其者も否定せられねばならぬ、作用が映されたものとなると共に意志も映されたものとなるのである。動くもの、働くものはすべて永遠なるものの影でなければならない。[23]

フロイトが「死の欲動」の陰に「涅槃《ニルヴァーナ》」を垣間見ていたことは事実だが、[24] しかしそれはあくまで欲動として「働くもの」である。クリステヴァのコーラはこの「働くもの」を前提にしている。これに対し、西田の真の無の場所はこの「働くもの」としての最後の審級たる意志をも解消してしまう。これが論文「場所」が収められた著作『働くものから見るものへ』という総合タイトルの含意でもあるわけだが、それにしても西田はこの解消によって、どのような「場所」に立つことになるのだろう。それは場所なき場所、文字通りの「非‐場所《ウートポス》」としか言いようがなくなるのではないか。その意味で、この場所はハイデッガーの「存在」に似ている。ハイデッガーの「存在」がいかなるメタファーも受けつけることなく、最終的にはただ抹消記号によってかろうじて指し示されたように、西田の「場所」も、それをつきつめれば、その記号的衣装をかなぐり捨てざるをえない[25]。

　だが、「存在はもっとも近いものでありながら、その近さこそが人間にはもっとも遠いものでありつづける[26]」と述べたハイデッガーと同じように、西田の真の無はどこか究極の彼方に位置するものではなく、むしろわれわれの足もとにある、文字通り直接的な現在の経験のことであった。ただそれがわれわれには近すぎて見えないだけなのだ。だからそれは神話的存在でも超越でもエネルギーでも、何ものかの比喩でさえもない。そのいずれをも拒否する今のアクチュアリティである。西田はこれを「創造的無」とも表現してはいるが[27]、これはまだ神話的表象に妥協した言いようでしかない。デカルトが「われ思う、ゆえに、われあり」だとするなら、西田の絶対無の場所とは「思う、ゆえに、思いあり」だと象徴的に表現した永井均は、さらにこの「思いあり」の状態をあえて「取り立てて言」ったとき、はじめて「私」なるものが出てくるのだとしたうえで、こう述べている。

私が存在すると同時に存在しない(無である)のでもなければならないということは、だから私の理解では、何か悟りのごとき特別の境地を意味しているのではなく、単純にして卑近な(しかしあまり卑近すぎてめったに注目されない)事実を指している。(28)

かくて西田の「真の無の場所」は決定的な矛盾に立たされる。いっさいの「存在者」を拒否するハイデッガーの「存在」が、まだ「ある」というその一点において、かろうじて己を保つことができるのに対して、「無」というシニフィアンは、それがシニフィアンとして正規に機能するかぎり、最終的には己自身をも飲みこんでしまうことになる。だから、このウロボロス的自喰の危機から逃れるには、デリダのように、いかなる超越的想定も「無」というシニフィアン自体も排して、ただ言説の亀裂ないしシニフィアンとシニフィアンの間を舞う遊戯にとどまるしかないことになるが、西田にとっては、この道も心もとなかった。なぜなら西田が真の無の場所に見たものは、くり返していえば、たんなる否定態ではなく、現在の直接経験というすぐれて肯定的でアクチュアルな事態だったからである。決定的な矛盾というのはこのことである。「無」は、それが言説のなかでシニフィアン(意味するもの)の役割をもたされるかぎり、否応なくこの肯定的な今のアクチュアリティさえも否定しなければならなくなる。「無」というシニフィアンは自らのシニフィエだけを例外とするわけにはいかない。これはいかなる言説においてであれ、「無」という選ばれたシニフィアンが負わざるをえない本質的ジレンマである。ところが、何度も述べるように、西田が「無」によってとらえようとしたものは、むしろ丸裸の直接性であった。だからやがて西田はこのアクチュアリティの方を「永遠の今」という別のシニフィアンによってつかまえなおそうとするであろう。それとともに「場所」も「無」もシニフィアンとしては少しずつフェードアウトしていくことになるだろう。

しかし、だからといってこの「場所」という論文が西田哲学にとっての、やがては克服されていく過渡的な一作品だったということにはならない。あえていうなら、この論文はそれ自体がフッサールのおこなったあの現象学的還元にも比せられるものである。いや、それ以上に徹底した過激な還元の試みであった。知られているように、フッサールは認識の明証性を求めて自然的態度を括弧にくくり、その現象学的還元の残余として純粋意識ないし純粋自我を取り出したが(29)、西田はそうした意識さえもさらにエポケー／無化してしまうからである。

意識一般の超越性は形式も質料も之に於てある場所の超越性である、一般的なるものが一般的なるものの底に、内在的なるものが内在的なるものの底に、場所が場所の底

に超越することである、意識が意識自身の底に没入することである、無の無であり、否定の否定である。(30)

この徹底的還元の残余が「真の無の場所」にほかならない。「難解さ」の本当の原因がここにある。それはそもそも「真の無」がわれわれの「理解」一般を括弧に入れ、失効させてしまうからだ。そしてこれがたんなる思想発展の過渡的産物にとどまらないというのは、この成果こそがその後の西田思想の全体を根底から、いや底なしの深淵から規定し、支えるものとなって影を落としつづけるからである。デリダに倣っていうなら、この「場所」というテクストは、まさにそれ自体が西田哲学のディスコース全体のなかにぱっくりと口を開けた深淵である。それは西田の思想が「西田哲学」と呼ばれうるためのイニシエーションのようなものであった。『善の研究』に始まる前期西田の哲学がこの深淵に向かって雪崩落ちていったとするなら、中期から後期に向かう西田はそこからの決死の這い上がりだったということもできよう。その証拠に、この這い上がりにおいて、一度解消されてしまったかに見える「働くもの」が再び復活してくる。

たとえば中期から後期にかけての西田用語「ポイエシス」や「行為的直観」とは「働くもの」以外の何ものでもないし、「生命」もまた同じである。ただし、これらはいったん無への還元を経て立ち上がってきた概念であることを忘れてはならない。ポイエシスや行為的直観という概念に関してはよくヘーゲルやマルクスの影響が指摘される(31)。それは部分的事実としては間違いではない。だが、それらはあくまで「或物がその反対に移り行くのみならず、その矛盾に移り行くことが可能で」あるような「生滅の場所」としての「真の無の場所」を前提にしたうえで語られているということである。だから、ここに言葉の類似だけにもとづいてヘーゲルやマルクスの弁証法を直接重ね合わせてしまうのは短絡的であるし、またそれは余計な誤解を招くだけだろう。西田のいう「矛盾」は互いに拮抗しあう力や勢力のようなものではない。ましてやお手盛りの正・反・合の図式に乗ってしまうような代物ではない。それはむしろ、いったんは「無」とも言い表された直接経験が、その今の瞬間において帯びざるをえない「非連続の連続」といったものに由来しているのだが、この「矛盾」はほかならぬ「場所」論文における狂気にも似た徹底的な自己破壊の試みによって開示されたのである。

（1）　大澤『サクラは何色ですか？』五九頁。
（2）　たとえば「断章ノート」断章15、16(『全集』第十六巻所収)などを参照。
（3）　プラトン『ティマイオス』八〇頁。

（4）同書、八四頁。

（5）Heidegger: *Einführung in die Metaphysik*, S. 50-51.（この箇所の邦訳に当たっては川原栄峰訳『形而上学入門』理想社、一九六〇年を参考にした）

（6）ibid., S. 50.

（7）クリステヴァ『ポリローグ』一七一―一八頁。

（8）デリダ『コーラ』一七一―一八頁。

（9）同書、一二頁。

（10）同書、八五―八六頁。

（11）拙著『西田幾多郎』七頁以下、および『西田幾多郎の憂鬱』一一四頁以下を参照。

（12）西田「場所」、『働くものから見るものへ』四一六頁。

（13）同書、四一八―四一九頁。

（14）同書、四二三頁。

（15）本章では時間論の核ともなるこの重要な問題にこれ以上立ち入ることはしないが、近年この問題をめぐって興味深い著作が相次いで出版された。植村恒一郎『時間の本性』と入不二基義『時間は実在するか』の二冊がそれであるが、これらの議論と西田の「永遠の今」概念にみられる時間論をつき合わせてみることは非常に有益であると私は考える。

（16）西田、前掲書、四三一頁。

（17）同書、四三一頁。

(18)　同書、四六三頁。

(19)　同書、四六六頁。

(20)　同書、四二二頁。

(21)　クリステヴァ、前掲書、四五頁。

(22)　この等置は、西田、前掲書、四三一頁以下の随所にある。

(23)　同書、四六三頁。

(24)　Freud: *Jenseits des Lustprinzips*, S. 264. なお、筆者は近著『フロイト講義〈死の欲動〉を読む』においてこのテクストにおける「死の欲動」という概念を詳しく論じたので参照願えれば幸いである。

(25)　数多い西田論のなかで、この点に気づいているのは永井均の小著『西田幾多郎』である。永井は、西田がドイツ観念論の伝統を受け継ぎながらも、「それをさらに純化して、対象化する意識そのものの主格性を否定して、それを与格化する(つまり意識を場所として捉える)というさらに画期的な一歩を踏み出した」(六九頁)としたうえで、そこに語り出される「絶対無」を抹消記号の付いた「無」と表記することを提案している(七二頁)。

(26)　Heidegger: *Brief über den »Humanismus«*, S. 162.

(27)　西田、前掲書、四三八頁。

(28)　永井、前掲書、六七頁。

(29)　Husserl: *Ideen zu einer reinen Phänomenologie und phänomenologischen Philosophie*, I,

§50. もっとも、現象学者の斎藤慶典によれば、この現象学的還元の残余は「自我」というようなものではなくて、むしろ「いま・ここで・現に」としての「それ」としか言いようのない直接性のことだという。こういう解釈が成り立つとするなら、フッサールの現象学的還元は西田の真の無の立場に一挙に近づくことになるが、この斎藤の興味深い解釈には逆に西田のバイアスがかかっていることも事実である。斎藤『フッサール』とくに一〇一—一〇九頁を参照。

(30) 西田、前掲書、四四三頁。

(31) マルクスの影響に関しては拙著『〈主体〉のゆくえ』および竹内良知『西田哲学の「行為的直観」』を参照。

第四章　瞬　間 ——断絶する今

はじめに

「今」とは何かと考えだすと、奇妙な迷路にはまりこんでしまうような気がする。たとえば今私はコーヒーを飲みながら窓越しに陽を浴びて緑に輝くプラタナスの木々を眺めている。この私がコーヒーを飲みながらプラタナスを眺めている現在進行形の状態がとりあえず「今」である。ということは、われわれが普通に「今」と理解しているのは、一定の時間幅をもった行為中の現在のことである。そもそも一定の時間幅がなかったら、われわれは飲むという行為さえおこなうことができない。現にこの言葉の日常の用法をみても、「たった今着いたばかりだ」とか「今行くから待っててくれ」のように、われわれはこの「今」という言葉に直前の過去や直後の未来の意味をこめてつかっている。言いかえれば、われわれが普段つかっている「今」という概念は、一定程度過去へも未来へも広がった幅のある今ないし現在のことのようだ。

だが、こうした日常的用法から身を引き離して、現時点としての「今」とか「現在」というものをもう少し厳密に考えてみると、それは本来幅などもたない瞬間のことではないのかという疑問が湧いてくる。それはさしずめ数学でいう「点」の境遇によく似ている。長さを有する線分を構成するはずの点がそれ自体ではまったく長さをもたないように、一定の時間の長さないし持続を構成する今の瞬間はそれ自体なんらの時間的長さももっていてはならない。それが瞬間の瞬間たるゆえんであるはずだ。このそれ自体は長さをもたない今が、にもかかわらず長さをもつ時間を構成すること、またはそのように見えること、ここに今をめぐる最初のパラドックスが出てくる。それはまた各瞬間は幅をもたない非連続でありながら、その非連続の各瞬間が一定の長さをもった時間的連続を成すというパラドックスにもつながる。

じつはこのパラドックスは非常に古くから人々の注目していたもので、古代ギリシアのゼノンのパラドックスや仏教の「刹那滅」という問題提起などに含まれているものだし、またアウグスティヌスやフッサールがその「内的時間意識」を考えるときに間接的に遭遇しなければならなかった問題でもある。たとえば仏教ならば、今はその瞬間瞬間において「種子《ビージャ》」をアラヤ識に残し、その種子が次の瞬間に「現行《げんぎょう》」してくると考えるとか、後に取り上げるフッサールの現象学ならば、核となる瞬間としての今にはRetentionと呼ばれる後方(過去)への志向が働いて、そうしたものが前提となって一定の時間幅をもった連続的な「時間対象」の構成的知覚が成立すると考えたりしてきたわけである。だが、こうした長年にわたるさまざまな解釈の試みにもかかわらず、「今」ひいては時間という存在は依然としてその謎めいた性格を放棄していない。それはたとえばマクタガートが一〇〇年近くも前に提起した時間論が今日依然としてアクチュアルな論議の対象となっていることなどにもあらわれているし、また時間意識が論議されるときには、相変わらずアウグスティヌスは現役である。まさにそのアウグスティヌスが言ったように、時間とは「誰からもたずねられないときには知っているにもかかわらず、それを説明しようとすると分からなくなる」[1]不思議な存在なのだ。本章はしたがって基本的にはこの謎に向けての私なりの部分的アプローチを試みたものだが、同時に私はこれに西田のよく知られた「永遠の今」という考えに対する解釈の試みを重ね合わせてみようと考えた。要するに、いささか風変わりな自説の展開にあえて西田哲学を巻きぞえにしてみようということであり[2]、ここからが本書の本論となる。

一　生死から死生への反転

今を中心概念とした中期西田の時間論を読んでいると、ある気になる表現にたびたび遭遇する。たとえば、他者の問題をテーマにしながら、同時に「永遠の今」を論じた有名な論文「私と汝」に出てくる次のような言葉である。

唯、かゝる弁証法的限定の底には、絶対に死して生れるといふ絶対面に撞着するといふ意味があり、そこに自己自身を限定する真の個人的自己といふものが考へられるのである。(3)

真の生命といふべきものは、ベルグソンの創造的進化といふ如き単に連続的なる内的発展ではなくして、非連続の連続でなければならぬ。死して生れるといふことでなければならぬ。生命の飛躍は断続的でなければならぬ。ベルグソンの生命には真の死といふものはない。故に彼の哲学に於て空間的限定の根拠が明でない。真の生命といふのは、唯私の所謂死即生なる絶対面の自己限定としてのみ考へ得るものでなければな

らぬ。(4)

瞬間は何等かの媒介によつて他の瞬間に移るのではない。然らばと云つて自己自身によつて他に移るのでもない。若し自己自身によつて他に移ると云ふならば、単なる内面的持続の如きものの外考へられない。瞬間は自己自身の底深く秘められた自己否定によつて、他の瞬間に移り行くのである。(5)

ここで気になるというのは、とくに「死して生れる」、「真の死」、「死即生」という表現でいわれる「死」と、それと直結されて出てくる「非連続」、「自己否定」といった概念のことだが、さらに気になるのは、これらの概念がもととなって「連続」とか「瞬間から瞬間への移り行き」さらには「弁証法」が成り立つといわれることである。西田用語のひとつ「非連続の連続」が端的に示しているように、この考えは初めから矛盾を含んでいる。そしてその矛盾ゆえにそこに「真の弁証法」が成り立つのだと西田が主張するとき、われわれはこれをどう理解したらよいのかというのが、私の当面の疑問だが、どうもこの問題の核心は、西田があえて「死して生れる」と表現する瞬間のとらえ方自体にあるように思える。以下それを順を追って述べてみたい。

われわれは普通時間というものを考えるとき、あるものの誕生から死まで、あるいは始まりから終わりまでの一定のタイム・スパンを想い浮かべ、その表象モデルにもとづいてより抽象的で大きな時間一般を考えている。動植物のような生命体はもちろん、天体のような無生物を考えるときでも、ある何らかの存在の「一生」のようなものを考え、それをもとにして「時間というもの」を考えているように思われる。つまり、そこには一定の期間「生きつづける」何ものかがあって、それに随伴するように流れる時間なるものがあるという表象である。そしてこの随伴表象としての時間が当の何ものかから抽象(切り離)されて、独立に表象されるとき、われわれはそれを「時間」と名づけて了解している。簡単にいってしまえば、これがおおよその日常的時間表象の仕組みではないだろうか。だから、この時間は抽離された後でも、もともとそれが随伴していた何ものかの「一生」のような、あるポジティヴなかたちをもった流れとか持続体としてなかば比喩的に表象されることが多い。直線的にイメージされる過去－現在－未来といった一般に流布する時間表象や、時計やカレンダーなどに表示される数量化された時間表象はそのもっとも洗練された形であるといえよう。だから基本的にはその持続体自身の内部には「死」や「断絶」が入ってくる余地はない。そうしたものが問題にされるとすれば、それはその持続体が始まる前か、終わった後に想定されてのことであろう。つまり連続と非連続はそれぞれ別のものと考えられるわけである。

こうした一般的な時間表象を前提にして「今」という瞬間を考えると、この「今」はポジティヴに表象された一定のタイム・スパンを極小にまで縮めた「点」のような存在となる。だが、これが厳密な意味で幅をもたない「点」にまで還元されてしまうと、原理的にもはやそれは一定の幅をもつタイム・スパンを再構成することはできなくなる、というのがこれまでの時間論上のパラドックスのひとつであった。逆にいえば、今はかぎりなく極小化されながらも、最後までその「幅」を放棄できない。それは、零ならぬ、無限小に微分された部分しか積分を成り立たせることができないことと似ている。

こうした時間表象およびそこから帰結される今の表象とさきの西田の引用を比べてみると、西田の「死して生れる」、「死即生」という瞬間理解の特異性がはっきりしてくる。「死して生れる」にせよ「死即生」にせよ、いずれも宗教的ないし教訓的色彩の濃い表現なので、これまでの西田解釈者たちは、仏教哲学者を除けば、これらの表現を哲学概念としてはほとんど真面目に問題にしてこなかった。しかし、一度これらの概念から宗教的教訓的色合いを払拭して、それらをその表現どおりに理解したらどうなるのだろうか。

もしこれらの表現を比喩以上のものとして理解することが難しいとすれば、それはさきに述べたわれわれの通常の時間表象が邪魔をしているからである。こちらの表象にしたがえば、時間は「死して生れる」ではなくて、「生れて死す」ものである。それは、生物無生物を問わず、誕生から終焉までのひとつの流れのようなものである。ところが西田においては「死して生れる」というように、生と死の順序は逆転しているのだ。一般的な表現では「生死」といおうが「死生」といおうが基本的に問題は生じない(たとえば「人の生死がかかっている」とか「日本人の死生観」という言い回しのように)。だが、西田の著作を通読してみればわかるように、西田の思想にとって「生死」という順序は問題にならないし、実際にもそうした表現はまず出てこない。彼にとっては「死生」という順序こそが問題なのだ。これはいったい何を意味しているのか。似たような疑念は「作られたものから作るものへ」という西田固有の表現に対しても生ずる。普通ならば、われわれにとっては「作るものから作られたものへ」という表現の方が自然に聞こえるのだが、すでにそのことに問題があるのだろうと私は考える。

やや余談めくが、この「生死」から「死生」への反転に関しては、すでにプラトンが『パイドン』のなかで問題にしている。自らの死を前にしたソクラテスはケベスを相手に、あらゆる反対関係にあるものの間には順逆相互の生成過程が生じるとして、生から死への移行があるなら、その逆の死から生への移行もあるはずだと述べる。大きなものがあるから、それが小さなものになり、逆に小さなものがあるから、それが大きなものになることができるように、眠りがあるから目覚めることができ、また目覚めがあるから眠りも可能になる。それと同じように、生きているから死があり、死があるから生ということが生じるのである。このソクラテスの論法は一見たんなる詭弁に聞こえるが、さらにソクラテスが、生から死への一方的なプロセスしかないとすると、万物は絶えてしまい、最後には生きているものは何もなくなってしまうという不合理な事態が起こってしまうから、やはり死から生への甦りがなければならないと主張するとき、そこにはたんなる詭弁として無視してしまうことのできない重要な問題が残っているように私には思われる。(6) そこでこの問題をわれわれの「今」という時間の問題に引きつけて考えなおしてみることにしよう。

たしかに誕生から終焉ないし始まりから終わりをもつ一定のタイム・スパンをモデルにして時間を考えている人間には「生死」こそが適切な表現で、「死生」の方は逆転しているように見える。だから、せいぜいのところそれは宗教的決断や気のきいた芸術理念のメタファー程度にしか聞こえない。(7) しかし少し注意深く反省してみれば、文字通り「死生」の順で規定可能な瞬間がいくらでも現実に存在している。まずマクロなレベルでいえば、あるひとつの時代が終わり、次の時代がやってくるその転換点となるような出来事ないしそれが生ずる時点である。最近の例でいえば、「転換《ヴェンデ》」と呼ばれる一九八九年のような年、あるいは一九四五年のような歴史的画期となる年である。ここでは何かが終わり、何かが始まろうとしている。一九八九年や一九四五年はまさにその切点にほかならない。しかしこういうマクロな例は理論的にはまだ杜撰だと思われるかもしれない。ある時代が終わったことと新しい時代が始まったこととは、たとえ「同時」に起こったとしても、厳密にはそれぞれ別のことだとみなす余地があるからである。それにいくら大きな変化だといっても前のものがすべて消失してしまったわけではないし、新しいものも多くは古いものを受け継いだものであり、そこには文字通り「死」と「生」とが一八〇度転倒してしまうような極端な断絶などありえない。それは革命と呼ばれる事態とて同じである。

この転換時の例をもう少しだけ縮小してみよう。われわれは大晦日の晩に一年の終わりと新年の始まりへの転換を画する時間点があるのを知っている。さらに小規模には毎日の日替わりの瞬間としての午前零時を知っている。これらの転換点では前の年や日が終わり、新しい年や日が始まると考えている。前が終わらなければ後は生まれることができないという意味において、これもたしかに終焉から開始への転換点である。だが、こうした例も理論的には依然として杜撰に思える。旧年から新年に転換したといっても、それは恣意的に与えられた年号が変わっただけで、それを体験するわれわれ自身までが実質的に変化するわけではない。現にわれわれは年や日付を「越えて」ある同じ行為をつづけることはできるだろう。だから、厳密にはこの転換は「みなし」や「約束事」においての転換であるにすぎない。つまり、それはまだ真の意味で「死から生へ」の転換とはいいがたいのである。

では、さらにミクロ化した次の例はどうだろう。それは単細胞生物が分裂を通して増殖する場面である。このとき、最初の生体はそのまま生き残ったのだろうか、それともいったん死んで次の新たな生体に引き継がれたのだろうか。バタイユが『エロティシズム』のなかで興味深い論議をしている。滴虫類の無性生殖を例にとって、バタイユは生体aがa′とa″とに分裂増殖する、その移行の瞬間をとらえて、まずこう述べる。

> この瞬間においては、まだa′でなかったものがa″と連続していた。しかしエネルギーの充溢がこの連続性を危機に放りこみつつあった。エネルギーの充溢が、分裂するという変化を生命体に開始させたのだ。だが生命体が分裂しはじめるのは、変化の瞬間、そのさなか、つまりすぐあとに対立することになる二つの生命体がまだ対立していない危機的《クリティック》な〔臨界の〕瞬間のことなのである。[8]

ここでいわれている「連続性」とは時間的連続性のことではなく、むしろ「一体性」のことだが、バタイユはこの瞬間を「宙吊りの未決定の瞬間」と呼んで、さらにこういう。

じっさい、分裂してゆく細胞を不滅だと考えるのは誤りなのだ。細胞aは、a′のなかにも、a″のなかにも、生き残っていない。a′は、aと別個であるし、a″とも別個である。明らかにaは、分裂において存在しなくなる。aは消滅してゆく。aは死んでゆく。aは、痕跡を残さず、死体も残さないが、死んでゆく。細胞の充溢は、創造的な死において危機が終わるとともに、終了する。危機のさなかに二つの生命体(a′とa″)の連続性が出現したのだった。というのも、両者はもともと一つの存在でしかないからなのだが、しかし結局のところ、この連続性は両者の決定的な分裂のなかに消えてゆく[9]。

われわれにとっては、この「危機＝臨界」としての「宙吊りの未決定の瞬間」においてaが「死体を残さずに死んでゆく」という矛盾した事態が問題となる。意味を異にした同一の用語をつかわなければならないので、ややわずらわしいが、今度はこれをわれわれの問題とする時間的な連続と非連続に置き換えてとらえなおしてみよう。生体aが死ぬということは、そこで時間的に非連続が生じたということである。しかしそれが死体を残さないのは、ある意味でそれがそのままa′とa″へと継承され連続しているからにほかならない。

バタイユはこの移行の瞬間をとらえて、aとa'およびa''との一体性がたち現れると同時に、すぐさまa'とa''の出現によってその一体性が消滅するといっているのだが、これをわれわれの方の概念で言いなおせば、aが死ぬことにおいて、そこに「非連続」が生じるが、同時にそれは次のa'とa''の出現によって、aからa'およびa''への「連続性」が成り立つということである。だからこの瞬間は時間的意味においてもまた「宙吊りの未決定の瞬間」と呼ばれなくてはならない。

バタイユも指摘するとおり、この事態は有性接合による増殖においても原理的に異ならない。その場合には接合時の瞬間における融合体が問題となる。この融合体において接合した二つの細胞は死んだのか、それとも生まれ変わったのかという問いが依然として成り立つからである。こうした「未決定」の事態から、前の生体は個体としては死んだが、その個体を支えている「生」自体は死ぬことなく連続したというような解釈も出てくることになる[10]。もしそのように考えることができるとすれば、この個体の死は生の前提となる。言いかえれば、接合は死の瞬間であると同時に生の瞬間でもあることになる。しかもこの事態はさきの年や日のような転換とは本質的に違っている。なぜなら、ここでは接合前の生体それ自体が消失し、接合後の生体は新たに誕生したものとみなすことができるからである。あるものがいったん消失し、再び誕生しながら、その両者の間には間隙がなく、両者は依然として「同一性」ないし「連続性」を保っている。つまり明らかな転換＝断絶的非連続が生じたにもかかわらず連続性が成立しているのである。周知のように、フロイトはこのような原生動物における非連続の連続のなかにエロースとタナトスの欲動を読み取ろうとしたのだが(11)、私の理論的好奇心をくすぐるのは、こうした観点をさらにひとつの時間論のモデルにまで徹底させてみたらどうなるかということである。

何かが生まれるから、それが死ぬというのではない。逆に何かが死ぬ(終わる、消える)から、次が生まれる、否もっとラディカルに、死が即そのまま生であるという発想の逆転を「今」という瞬間のあり方として考えてみよう。今は死から生への転換点であり、そこでは死と生は同時的である。だからそこには「幅」を設定する必要はない。言いかえれば、ここにはゼノン型のパラドックスが生ずる余地はない。しかもこの死と生という相反関係にある両者は「同一性」、「連続性」を成している。この発想の反転から帰結される決定的に重要な点は、「生死」の考え方が「死」をある持続体の外部に排除してしまうのに対して、「死生」の方は「死」をその持続体の真っ只中にもち込んでくるということである。どういうことか。さきにも述べたように、「生死」は一定の長さをもって「生きつづける」持続体を想定する。そして「死」という否定性はその持続体のすべてが終了した時点で初めて問題になるのに対して、「死生」の方はその持続体の真っ只中に「今」を通して「死」

という否定性が入り込んでいることを述べている。この相違は大きい。このところ「死」をメインテーマにして大変興味深いハイデッガー解釈を展開している森一郎も、ハイデッガーの「死への存在 Sein zum Tode」の背景にパウロ書簡の影を見ながら、その時間論の核心を次のように理解することを提案している。

パウロがそれを生き、宣べ伝えた時間は、終末論的 eschatologisch にのみ解されるのではなく、終わりが同時に始まりであるような、決定的出来事のアルケーの瞬間、つまり原初論的 archäologisch なカイロスとして、まずもって理解されるべきだ——これがわれわれの提案である。(12)

このパウロ書簡におけるカイロス概念については、後の第六章で詳しく論ずることになるが、やや異なった視点において私もまたこの発想の逆転を訴える森の「提案」を支持したい。

さらに大事なことは、この「死生」においては、いくら死と生の両者が「同時的」だといっても、「死‐生」の先後関係は残っているということである。同時なのに後先があるとは矛盾のように聞こえるかもしれないが、この順序はその瞬間の極点ではただ方向のポテンシャルとしてだけあるにすぎない。「生死」の発想にしたがって、瞬間にたとえ極小であっても何らかの「幅」があるというのであれば、その方向はポテンシャルではありえなくなるが、「死生」において想定される瞬間には「幅」を考えることができないから、方向は純粋ポテンシャルと考えてよいことになる。というより、そう考える以外にない。こういう想定からすれば、時間表象につきものの方向をもった流れという比喩的イメージも次のように考えることができる。時間が未来から過去に向かって流れるのであれ、その逆に過去から未来に向かって流れるのであれ、そこに「方向」がなければ、この順序は空間的順序と変わりはない。マクタガートの用語を使って言えば、A系列やB系列は質的にC系列と区別されない。裏を返せば、時間の時間たるゆえんは、そこに時間独自の流れや方向(の感覚)が成立しているということにある。この時間独自の「方向」をさきの今という瞬間がポテンシャルとして孕む「死－生」の方向の顕在態として考えてみることができよう。この今はだからたんなる断絶点ではない。そこが数学の切点とは決定的にちがうところでもある。

このような「死生」モデルに関してひとつ確認しておかなければならない。それはこのモデルが「生死」を逆転させたものでありながら、基本的にはやはり生命体をモデルにしている発想だということである。死が即生でありうるというのは、さしあたり生命の生成過程に対してのみいえることで、メタファーでないかぎり非生命的現象には無原則に適用はできないということである。では、こうして得られたトルソのような思考モデルをあらためて西田の時間論に即して論じなおしてみるとどうなるのか。これが次節のテーマである。

二　永遠の今

西田が「永遠の今」という中軸概念をもとにして独自の時間論を展開したのは一九三〇年代の初め、著作でいうと、『無の自覚的限定』公刊のころである。この「永遠の今」という概念に関してはすでに『善の研究』などにも「永久の今」といった類似の表現が散見されるので(13)、ぼんやりとではあれ、西田は早くからそういう問題関心を抱いていたといえる。そういう意味からも、この概念はあくまで初期の「純粋経験」と密接に関連していると考えてよいだろう。そのことをふまえたうえで、この中期のキーワード「永遠の今」を追ってみることにする。西田がこの概念への本格的取り組みを開始するのは、『無の自覚的限定』の序文が述べているように、一九三一年『思想』誌上に発表された「私の絶対無の自覚的限定といふもの」という論文からである。この年にはさらに「永遠の今の自己限定」、「時間的なるもの及び非時間的なるもの」といった論文が矢継ぎ早に発表され、翌年にはそれら一連の時間論の暫定的総括ともいうべき「私と汝」が書かれ、暮れにはさらにそれらをまとめた論集が『無の自覚的限定』として岩波書店から公刊されている。この一連の流れを見ていえることは、純粋経験をいったん絶対無の場所としてとらえた西田が、その絶対無としての純粋経験を今度は「今」という時間概念のなかに読みこもうとしたということである。「私の絶対無の自覚的限定といふもの」の記述はその経緯の軌跡をあちこちにとどめている。たとえば「絶対無の自覚として今が今自身を限定する瞬間的今の内容といふものは、事実そのものといふ如きものでなければならない」(14)と述べたあとで、この「瞬間的今の自己限定」を次のようにパラフレーズしている。

まだ「此鳥」として言表の内容が外に考へられて居るのでもなければ、此事実を見て居る「私」といふものが内に考へられて居るのでもない。唯かゝる命題によつて言表せられる事実そのものが、自己自身を限定する今の内容として自己自身を見て居るのである。(15)

『善の研究』の読者ならただちに気づかれるように、これは明らかに「純粋経験」が念頭になければ出てこない言葉である。(16)新しい問題はだから、この純粋経験が「瞬間的今」という時間的視点からとらえなおされているということである。この論文はまた、西田の今とか瞬間といった概念への関心を直接に刺激したものとしてアウグスティヌスやキルケゴールの名を告げているが、なかでもわれわれにとって重要な問題のきっかけを与えているると思われるのはキルケゴールである。「永遠の今の自己限定と考へられるものは私の所謂絶対に無にして自己自身を限定する絶対無の自覚的限定」だとする論文の中心テーゼにつづいて、西田はこう書いている。

現在は現在自身を否定することによつて現在であり、時は時自身を否定することによつて時である、死することによつて生きるのである。ケェルケゴールが「ブロッケン」(『哲学的断片』)に於て我々が執拗に存在を証明せうとする間は存在は見られない、証明を棄てた時そこに存在がある、存在といふものが見られるには、かく棄てるといふ瞬間がなければならぬといふ如きことを云つて居る。私の所謂今の限定として絶対無の自覚的限定といふのはケェルケゴールのパラドックスの如きものと考へることができる。(17)

キルケゴールに関してはさらに『死に至る病』や『不安の概念』への言及も見られ、総じて他人の著作をぶっきらぼうに参照する西田にしては例外的な扱いといってよいのだが、われわれの中心テーマである瞬間に関しては、とくに『不安の概念』第三章に出てくる瞬間のもつ「動と静」ないし「非連続の連続」が参照されている点が目につく。時間が論じられるにあたって必ずといってよいほど問題にされる今＝現在のもつ特別な意味については、京都学派の内部でもすでにアウグスティヌスの有名な「過去についての現在」、「現在についての現在」、「未来についての現在」といったテーゼなどを通してよく知られていた[18]。だから西田もこの論文のなかで当然そのことを強調しているのだが、しかしこのアウグスティヌスの現在論からは直接にあの今のはらむ「死することによつて生きる」とか「非連続の連続」という内容は出てこない。その意味で「パラドックス」を主題化したキルケゴールの与えた影響は見た目以上に大きいのである。このことは充分に強調されておいてよい。この時間がはらむ「死して生きる」の観点はこの最初の論文ではそれ以上の展開を見せていないが、これがその後につづく論文で次第に論議の中心にせり出してくる。そのひとつの到達点が「私と汝」にほかならない。

然るに、時は現在が現在自身を限定するといふことから考へられるのである。而して現在が現在自身を限定するといふことから時が限定せられるといふことは、時は永遠の今の自己限定として考へられると云ふことを意味してゐなければならない。時は永遠の今の自己限定として到る所に消え、到る所に生れるのである。故に時は各の瞬間に於て永遠の今に接するのである。時は一瞬一瞬に消え、一瞬一瞬に生れると云つてよい。非連続の連続として時といふものが考へられるのである。時といふものが斯くして考へられると考へるとするならば、時は各の瞬間に於て二つの意味に於て永遠の今に接すると考へる事ができる。永遠の今と考へられるものは、一面に於ては絶対に時を否定する死の面と考へられると共に、一面に於ては絶対に時を肯定する生の面と考へられねばならない。時の限定の背後に永遠の死の面といふものを置いて考へる時、永遠なる物体の世界といふものが考へられ、その背後に永遠の生の面といふものを置いて考へる時、永遠なる精神の世界といふものが考へられるのである。内界と外界とは時の弁証法的限定の両方向に考へられる、永遠の今の両面に過ぎない。(19)

やや長い引用になったが、「私と汝」の冒頭に掲げられたこの記述がこの時期の西田時間論のエッセンスである。したがってわれわれももっぱらこの記述の分析的解釈に全力を集中してみよう。

まず「現在が現在自身を限定する」または「永遠の今の自己限定」において「時」が成立するという基本命題から。この現在ないし永遠の今は、いうまでもなく過去‐現在‐未来という時間表象の一部をなす「現在」ではない。むしろそれらの原基にあって、それらを可能ならしめている純粋経験のことである。前章でも述べたように、西田はこれを「真の無の場所」とも呼んだ。何度もいうように、これはよく誤解されているような、何か神秘的な境地といったものではなく、むしろわれわれの直接的な知覚体験ないし直観のことをいっている。この直接性をもっと先鋭化していえば、知覚されたものが何であるかとか、われわれがそれを見ているという自己による反省意識もまだ成立していないような瞬間の体験的出来事である。その出来事はしかし、出現と「同時」に分節化を開始し、それにもとづいて主客の対立や対象の意味といったものが成立してくると西田は考えているのである。こうした考えは『善の研究』から一貫している。いわゆる純粋経験の「分化発展」である。これを時間に即して言いかえれば、われわれが普通に理解している時間とは、この分節化すなわち今の自己限定によって生ずる対象化された表象にすぎないということである。このいまだ対象化されていない直接的現在と対象化されて何らかの意味を与えられた現在との区別については、さきにも挙げたアウグスティヌスの「現在の現在」というテーゼの二重性が語っているとおりである。西田のオリジナリティはだからそのさきにある。

問題は「時は永遠の今の自己限定として到る所に消え、到る所に生れる」という内容である。瞬間としての今はその自己限定を通してそのつど時を構成すると西田は考えている。それは各瞬間に応じて「到る所」に生ずる。ここでの西田のイメージは徹底的にダイナミックである。だから一度構成された時もそのままつづくわけではない。われわれが普段そうイメージして疑わないのは、そのつど構成される対象化された時の表象を、それを生み出す原基としての直接的現在から切り離し、あたかもそれが初めからわれわれとは独立に存在するものであるかのように考えてしまうからである。西田はむろんそういう一般的で固定的な時間表象のそれなりの「リアリティ」も知っている。たとえば時計の文字盤に表示された、いわば空間化された時間イメージにふりまわされるわれわれの毎日の生活に見られるように。だが、純粋経験ないし永遠の今はそれとは次元を異にする、あるいはそれを突き破ったものだと西田はいっているのである。

では現在の自己限定としての時はなぜ「到る所に消え、到る所に生れる」のか。さしあたりはわれわれの意識というものを考えてみるとよい。われわれの意識はつねに同じ緊張度をもって働いているわけではない。俗にいって、それにはたえずムラがある。非常に研ぎ澄まされた状態もあれば、呆然としてなかば無意識に近い状態もある。時間感覚にしても「長く」感じられるときもあれば、「あっという間」の感覚もある。言いかえれば、そのつど構成される時間にもさまざまなムラがある。では永遠の今の自己限定というのは、そのつどの心理状態に応じて多様なニュアンスをともなった意味が産出されるということなのか。ごく大雑把にはそういう心理状態をも含むとはいえ、西田がこのテーゼでいわんとしているのは、もっと原理的なことである。西田にとって「今」、「現在」とは「瞬間」のことであった。それはそもそも長さも幅ももたない切点のようなものであった。ここで前節で問題にした「死生」が入ってくる。

瞬間は「切れ目」であるかぎりにおいて、何ものかの消滅(死)と次の何ものかの誕生(生)の間に存在する。だが、ここでわれわれは厳密にならねばならない。純粋経験としての瞬間には、もはや消滅する何ものも存在しないし、誕生する何ものもまだ知られていないのである。それらの「何」はこの瞬間が自己限定をした結果として、いわば事後的反省的に生じてくるものだからである。ということは、西田がここで考えているのは、じつに奇妙な存在だということになる。何が消滅するのか、何が生まれるのかわからないにもかかわらず死と生の区別だけがあるような純粋な「断絶」ないし「間」というようなものである。その意味でこの「間」はあの精神病理学者木村敏が展開する「間」の概念に接近しているといってよいかもしれない。木村は時間に関して三つの次元が考えられるとして、(一) 源泉として仮定せざるをえない「生命一般の根拠」、(二) それがわれわれの意識に出現してきた最初の閃きのようなもの、㈢そして意識の志向構造の中に取りこまれた時間の三つを区別する。このうち西田を理解するうえでもっとも興味深いのが第二の点である。これについて木村はこういっている。

> 第二の次元は、この第一の次元がその不可知性を突破してわれわれの意識に出現してきた最初の閃きのようなもので、これもまだそれ自体としては時間とか自己とかの名詞形で呼ぶのが尚早であるような、瞬間的な発生機の動きである。この第二の次元はすでに意識に現れている以上、当然全面的かつアクチュアルに経験可能な事態ではあるけれど、発生するやいなやたちまち次の第三の次元に移行してしまうので、普通はそれとして対象的に同定することができない。[20]

この「瞬間的な発生機」は西田の永遠の今の自己限定と同じ事態をいっている。この自己限定の瞬間は「すでに意識に現れている」にもかかわらず、まだ「それとして対象的に同定することができない」。西田がいう「死生」の瞬間において「何」が死生するのかを同定できないのも同じ理由による。では、なぜ「何」はいえないのに「死生」の方はいえるのか。

つきつめれば、「死生」もまた対象化を宿命とする言葉であるかぎり、本当はそう表現することも不可能なのだが、あえてその自明の了解を破ってでも西田がこの言葉をつかっていおうとしたことの真意が汲み取られなければならない。もう一度木村に目を戻してみよう。そこにはこの問題に関する糸口も述べられているように思われる。

時間に前後の意味方向が生ずるのも、わたしの考えでは決して第三次元の「過去把持」と「未来予持」の意識作用によるのではない。それはむしろ、生命体それ自身に生得的に備わった不可逆的な「死への傾斜」が――あるいはそれに逆らう「生への意志」が――意識の発生と同時に、つまり第二の次元において、密かに意識に持ち込んだ原方向である[21]。

木村はフッサールの立てた「過去把持 Retention」と「未来予持 Protention」を第三次元つまり対象化された次元に属するものとして、これらを排する(これについては後述)。そのうえで持ち出してくる「原方向」の考えはだから大変興味深い。そもそも長さも幅ももたない瞬間に死と生の両面を孕む切点までの性格を与えることができても、死から生への「方向」までも与えることはできない。だからこの瞬間にどこかから「方向」が加わらなければならないのだが、木村はこの「方向」の起源を第一の次元でも第三の次元でもなく、その間の、ちょうど西田が永遠の今の自己限定でとらえようとした第二の次元に見ているのである。言いかえれば、西田や木村が見ている「瞬間」には初めからそういう「方向」の意味合いが入っているということである。なかば語呂合わせに託していえば、この「方向《サンス》」が事後的に生ずる「意味《サンス》」の原基となるのである。

再び西田の引用にもどろう。瞬間には死と生の両面が入っており、しかもそれが死から生への方向をもっていることまでは理解できたとしよう。それにしたがえば、われわれの過去－現在－未来という直線型の時間表象はこうした瞬間が(ポテンシャルとして)内包させている方向をいったん対象化的に具現し、さらにそれを抽象化したものと考えてよい。だが、西田はさきの引用ではさらに「時の限定の背後に永遠の死の面といふものを置いて考へる時、永遠なる物体の世界といふものが考へられ、その背後に永遠の生の面といふものを置いて考へる時、永遠なる精神の世界といふものが考へられる」と述べていた。ここで少し哲学史をかじったことのある人間には疑問が湧いてくる。なぜ、ここで死は「物体」に、生は「精神」に結びつけられるのであろう。これが次の課題である。

われわれは普通哲学で物体とか精神というとき、あの有名なデカルトの二つの実体としてのそれらを考える。だが、ここで西田がいう「物体」と「精神」はどうみてもそれらとは異質である。西田の論理からすれば、デカルトのそれをも含めて、いわゆる「物体」と「精神」とはむしろ純粋経験が対象化されたもの、さきの木村の言葉を借りていえば、「第三の次元」に成立するものであろう。だが、引用において西田は瞬間の本質的ファクターとしての死生に直結するかたちで「物体」と「精神」をあげているのである。この疑問が解かれなければならない。やや込み入るが、私の解釈は以下のようになる。

さきに瞬間はポテンシャルとして死から生への方向を内在させていると述べた。この方向の起源が生命的な性質を帯びていることも木村の指摘しているとおりである。前節の末尾に生命体をモデルにした時間云々を指摘しておいた理由もこの点に重なるのだが、最近でも檜垣立哉が明らかにしているように(22)、西田の考える時間もまたきわめて生命体の影が濃いものである。前節の冒頭に挙げた引用文のひとつもそれを証言している。確認のために、それをもう一度あげておこう。

真の生命といふべきものは、ベルグソンの創造的進化といふ如き単に連続的なる内的発展ではなくして、非連続の連続でなければならぬ。死して生れるといふことでなければならぬ。生命の飛躍は断続的でなければならぬ。ベルグソンの生命には真の死というものはない。故に彼の哲学に於て空間的限定の根拠が明でない。真の生命といふ

のは、唯私の所謂死即生なる絶対面の自己限定としてのみ考へ得るものでなければならぬ。(23)

私の推理によれば、まず西田は普通に時間的な先とか後といっているもの、あるいは未来への志向と過去への振り返りといった事態を、たんなる現在を中心とした二つの対称的方向とは考えていない。断絶をともなった死から生への飛躍が起こるとき、その飛躍はたしかに過去性(事実性 Faktizität(ハイデッガー))を足場にはするのだが、飛躍そのものはすでに未来を向いている。そしてそこにのみ生ないし精神が働くと考えるのである。では精神は過去を問題にしないのか。精神はもちろん過去を問題にする。しかしそれもまた「記憶」とか「想起」というひとつの現在における行為である以上、その行為の対象(内容)が過去であることと、それらの行為が今現におこなわれていることとは区別されなければならない。生や精神はまさにその行為が現におこなわれる瞬間に働くのである。西田の思考は徹底して現在的である。「過去を想起する」というと、われわれはおうおうにしてその想起をしている精神までが過去に向かっているようにイメージしてしまうが、これは錯覚である。想起は過去を内容にもつとはいえ、その行為自体はやはりエランを含んだ飛躍の行為なのだ。まさにアウグスティヌスの「過去についての現在」はこの意味で理解されなければならない。これに対して足場にされ、すでに事実内容となった側は、いくらそれがリアルであったとしても、それ自体では動くことも飛躍することもできない。過ぎ去ったものはただ対象化されることによってのみ存在する以外になくなっているのである。西田が死の面に「物体」を当てるとき、だからこの「物体」はいわゆる実在する物のことではない。それは対象化された存在一般を指していると考えてよいだろう。西田がフッサールから借りてよくつかう「ノエシス」に対立する概念「ノエマ」もそうしたことと重なる。

だが、西田の言葉はもう少し微妙なところにまで言い及んでいる。さきの引用で「永遠の生の面」には「永遠なる精神の世界」が、「永遠の死の面」には「永遠なる物体の世界」がそれぞれ対応させられていることに注意が向けられねばならない。問題はすべての表現に付せられた「永遠」である。西田が「永遠」をいうとき、それは総じて無にも比せられる究極的な純粋直接態のことをいう。極限はえてして抽象的理念としてのみ想定されやすいが、西田の極限は反対に、理念ではなくてむしろ直接的な具体そのもののことである。つまり「具体的一般者」である。その意味ではハイデッガーの「存在」と同じように、ただその直接性があまりに近すぎて、われわれがそれをつかまえるにはかえって遠いというようにでも考えた方がよい。

右のことを別の視点から言いかえると、「死生」を核とする行為の各瞬間は、われわれにこういう両極限としての「物体」と「精神」を垣間見させているのだが、ひとたびこの瞬間を離れて一定の幅をもった時間を相手にすると――つまりそれがわれわれになじみの「現実」にほかならないのだが――この両者はもはや純粋状態から疎外され、われわれの生もまた多かれ少なかれ「濁り」のなかにあるということにほかならない。「濁り」とは曖昧に逃げた言い方だが、要するに、生は死に、死は生にそれぞれ侵されあって、というよりも死も生もそのラディカルな「永遠」の姿を覆い隠して、われわれの「現実」が出来あがっているということである。これをもう少し敷衍しておけば、こういうことである。われわれの「現実」は死生の断絶的瞬間を基盤にするとはいえ、その「現実」そのものはすでに一定の幅をもった時間を前提にして機能している。つまりその分だけ対象化による死が生じているわけで、一定の幅をもった時間ということ自体がすでにその対象化の結果にほかならない。逆にいえば、われわれには対象性を有した時間表象なくしては生活することも困難だということでもある。飛躍の原点たる生は、ある意味では初めから対象化という死によって混濁されているのである。そしてこの混濁が瞬間のもつあの断絶を被い隠すはたらきをするのである。してみれば、西田において「死」は切断と対象化という必ずしも一致しない両義を含んでいるということになるのだが、その両義性がもたらす錯覚のせいか、われわれは普段この断絶的瞬間を意識することはない。それは「不意を打たれた」とき初めてわれわれにその存在を知らしめる。不意打ちを食ったときの驚きとは、したがって深淵のような瞬間的断絶をのぞいた驚きである。だから対象化による混濁はその奇襲に対する防御壁になっているということでもある。以上のような考えは、繰り返し述べているように、あくまで生体をモデルとした時間コンセプトなのだが、時間が問題となるかぎり、生体をモデルとしない物理学のような場合でも一定の妥当性を有するかもしれないと考えてみるのは無駄ではない。事実西田の思考はそちらの方向にも向かったのであった。(24)

三　連続する時間と断絶する時間

以上のような「今」の解釈は旧来の時間論にどのような光を投げかけるのであろう。本節で試みられるのは、時間(意識)の問題をこれまでもっとも論理化してみせたと思われるフッサールの「今」ないし「現在」概念に西田型の時間把握を対置させ、それを通して時間問題に新たな視点を提供することである。

周知のように、フッサールは生涯を通じて「内的時間意識」の問題と取り組みながら、その結果の大半を自らの手ではついに公刊できないまま終わってしまった。だが、その遺された時間論に関する膨大な講義録草稿類は早くから人々の関心を集め、一部は全集『フッセリアーナ』に収録され、われわれの知るところとなっている。なかでも有名なテクストが生前の一九二八年にハイデッガーによって編集され『哲学および現象学研究年誌』に発表された『内的時間意識の現象学』である。[25] 以下、このテクストに展開された「今」ないし「現在」概念に焦点を当てながら、問題の所在を明らかにしてみたい。

時間意識を論ずるフッサールの基本的な関心は、一言でいえば、意識はいかにして持続的な時間客体(対象)Zeitobjekt を構成するのかということにあるが、その構成理論の出発点をなすのが「今」である。

最初にわれわれは、内在的時間客体の経過様態がひとつの出発点いわば源泉点 Quell-punkt をもっていることを強調する。それは内在的客体が存在し始めるその出発点をなす経過様態のことであり、それには今という性格が与えられている。[26]

「今」にこのような特権が与えられるのは、それのみが唯一直接的でリアルな時間様態だからにほかならない。フッサールはこの源泉点としての「今」における直接的与件を「原印象 Urimpression」と名づけているが、これは哲学史的にはヒューム認識論の発端となる「印象 impression」をさらにラディカル化したものと見ることができる。このかぎりでは、原印象を出発点としたフッサールとあらゆる偏見を排した直接的な純粋経験としての永遠の今から出発した西田との間に大きな差異はないように見える。だが、フッサールがこの「今」ないし「原印象」を敷衍して、さらに次のように述べるとき、われわれは最初の分岐点に出会うことになる。

持続する客体の「産出」が始まる「源泉点」が原印象である。この原印象という意識は絶えざる変移においてとらえられる。(意識的で、意識の「内部」に)はっきりと顕れたleibhaft音-今Ton-Jetztは絶えず既在ein Gewesenへと変移し、つぎつぎと新しい音-今が変様へと転じていったそれにとって代わっていく。しかし音-今の意識、つまり原印象が過去志向に移行すると、この過去志向自体がまたひとつの今、アクチュアルに存在するものein aktuell Daseiendesとなるのである。(27)

この造語まがいの概念を駆使したフッサールの記述はけっしてわかりやすくはないが、重要な点は原印象としての今には初めから過去志向という連続的変様が付随しているということである。言いかえれば、今は絶え間なく生じつつつぎつぎに新しい過去志向へと移行し、それが次の今に射映するabschattenということである。フッサールはこの今に内在する過去志向をヴィジュアルな比喩をつかって「彗星の尾」とも表現している。ただし、ここで注意を要するのは、この今に付随する過去志向は、意識があらためておこなう「想起」による過去の呼び起こしとは別のものだということである。過去志向とは、その言葉が示しているように、今の意識に直結して生じている一種の志向Intentionのことであって、それは想起のように意識によって恣意的反省的に選択されたりすることのできない、いわば今の第一次的で内在的な属性のようなものである。それに対し想起はむしろそれを前提にして二次的に可能になると、フッサールは考えるわけである。だからフッサールは過去志向のことを「第一次記憶」、想起のことを「第二次記憶」として区別したのでもあった。(28)

問題はこの原印象に初めから内在するとされる過去志向である。これはわれわれがこれまで論じてきた断絶する瞬間としての今と決定的に対立する発想であるといわねばならない。というのも、西田の言葉でいえば、今は「死」の瞬間であることにおいて、いったん連続性を断ち切るものであったからである。そこに「過去」や「事実性」が成立するのは、あくまでその瞬間の自己限定(対象化という別の意味での死)を経てのことであった。つまり西田的な観点から見れば、フッサールが今に過去志向を直結させて連続性を確保しようとするとき、それはすでにして直接的瞬間そのものからの離脱であり、その瞬間を対象化してしまっているということになる。これはたんに「瞬間」とか「今」をどの範囲まで広げて理解するかのちがいであるかのように見える。だが、事態はフッサールに対してそれほど友好的ではない。

今に過去志向という彗星の尾を認めるということは、裏返していえば、今の断絶を認めないということである。「死して生きる」ことに見られた「非連続」を見ないということである。この非連続という観点の欠落はもうひとつの未来志向という概念においてよりはっきりしてくる。フッサールの現在論を引き継いだヘルトは正当にも「未来志向は(過去志向と)同様に現在化全体 das Gegenwärtigungsganze の統一に属するものとして、すでにごく簡単に性格づけられ、また何度も言及されてきたが、その詳細については述べられなかった」[29]ことを認めながら、その理由を以下のように説明している。

つまり過去志向の根本構造がその原印象との連続的な連関のなかで示された後に初めて、現象学的反省にとって未来志向に取り組む可能性が成立するからである[30]。

見られるように、ここでは未来志向はあくまで過去志向の成立を前提にして考えられている。それは「過去志向との構造的類似性」として生ずるというわけである。本当にそうだろうか。たとえばわれわれがスケジュールや予定を立てる場合のように、あくまで過去にもとづいて予測可能な「予期」が問題であるというのならば、とりあえずはそういってもよいかもしれない。だが、未来志向とは過去志向がそうであったように、それ自体まだ反省の対象とはなりえない今という瞬間のはらむ内在的ファクターのはずではないのか。過去志向が想起から区別されたように、未来志向もまた予期から厳密に区別されるべきではないのか。この未来志向に関するフッサール、ヘルトの理論的不徹底はだから次のようなヘルトの言葉になって現れてくる。

過去志向的になるということ das Retentionalwerden は、原印象的な根源的近さ Urnähe から遠ざかることであり、未来志向的に与えられてあるということ das protentional-Gegebensein は、この近さに近づくことである。未来志向的過程の運動と過去志向的過程の運動は互いに逆の方向に進むのである。未来志向は「裏返しにされた」過去志向である。[31]

未来志向が「裏返しにされた」過去志向だとは、もとはフッサール自身の言葉だが[32]、端的にいって、これは「Retention」と「Protention」という表記に惑わされた錯覚である。両者はそれほど単純なシンメトリーをなしてはいない。そう見えてしまうとすれば、それは知らず知らずのうちに時間を幾何学的表象に依拠して理解してしまっているからである。未来志向がたんなる予期可能なものの予期のベースとしてのみ働くのであれば、この「裏返し」ないし過去と未来とのシンメトリーはある程度妥当することができよう。だが、そうであれば、ヘルト自身が認めてしまっているように、この未来志向はもはや「反省」の構成要素であり、そのかぎりですでに対象化された世界を前提としていることになる。だが、未来志向を反省の次元でとらえることはできない。それは今という反省以前の瞬間がはらむポテンシャルな「方向」のようなものだからである。これを見落とすと、未来志向の「未来」たるゆえんまでが見落とされてしまう。だからヘルトの次の言葉はある意味で一貫している。

> 未知性、自己能与 Selbstgebung の未然性、その他これに類するものは、現象学的反省においては、ただ経験の不足様態、欠如等々として理解されることができるのみであって、けっして経験の第一次的様態としては理解されえない。(33)

要するにヘルトは、現象学的反省はあくまで未知性を排除するといっているのだ。これに対して、西田の考えにしたがっていえば、このような未知性をはらんだ未来志向のほうこそがまさに死によっていったん断ち切られたところから生ずる「第一次的様態」としての「生」にほかならない。これはある意味では過去を断ち切っているがゆえに、一種の「飛躍」とならざるをえない。飛躍が立ち向かうのは、予め過去志向や想起にもとづいて予期されたものばかりではない。というよりも、そういう予期可能なものに対しては厳密な意味での飛躍は不必要とさえいえる。そこにはすでに予期という橋が架けられているからだ。それらはだから「計算」の対象ですらあるだろう。これに対して飛躍は、まさに予期不可能な未知に対してのみおこなわれる。わからないからこそ飛ばざるをえないのだ。もっとも考え方によっては、予期可能なものへの志向といえども、こうした未知性がまったくないわけではない。それは見えないままで予期を可能にする対象化の基盤として働いている。それはまた不確かな計画や約束をつねに脅かしてもいる。そしてそちらのほうにこそ「生」や「精神」のエッセンスがあると、西田は考えるのである。

　ヘルトは未来志向にハイデッガー的な未知的未来を読み込むことに警告を与えたが、ハイデッガー独特の未来概念を不問にしたとしても、なおこの未来の未知性に向けての志向ならぬ志向としての未来志向は今の第一次的様態の問題として残ると言わなければならない。それがキルケゴールや西田が時間を語るときに直面した問題であった。この未来の未知性をレヴィナスにしたがって「他性」と言いかえるなら、過去志向を立てることによって今の連続性を保とうとしたフッサールやヘルトにはまさにこの他性が欠落しているのである。それは西田的観点からすれば、今のもつ「死して生れる」という断絶がとらえられていないということでもある。これは前に述べた、今をあくまで何ものかの「一生」というポジティヴの側からとらえようとする連続型時間論の本質的欠落点であるといわなければならない。こうした時間概念には時間に本質的に内在する否定性はとらえきれない。レヴィナスはこう述べている。第一章での引用をもう一度くりかえしておこう。

> どうやっても捉えられることのないもの、それは未来である。未来の外在性は、未来がまったく不意打ち的に訪れるものであるという事実によって、まさしく空間的外在性とは全面的に異なったものである。ベルクソンからサルトルに到るまであらゆる理論によって、時間の本質として広く認められてきた、未来の先取り〔予測〕（訳者注記）、未来の投映は、未来というかたちをとった現在にすぎず、真正の未来ではないのだ。未来とは、捉えられないもの、われわれに不意に襲いかかり、われわれを捕えるものなのである。未来とは、他者〔他性〕なのだ。未来との関係、それは他者〔他性〕との関係そのもので

ある。(34)

レヴィナスは「未来の先取り」を「未来というかたちをとった現在」だといっているが、正確には「未来というかたちをとった過去」といった方がよいだろう。しかもその場合の過去とは対象化されたものという意味である。それは対象化され、いったん「死んだ」からこそ、想い出されることもあるし、未来の先取りに自らを素材として提供することもできるのである。だが、未来の未来たるゆえんは、そういう予測可能性、計算可能性にはなく、「不意打ち」のなかにこそあるとレヴィナスはいう。不意打ちとは手持ちの過去が機能不全に陥ることである。それは過去が切断されて「死ぬ」瞬間である。その不意打ちは具体的にはまったく予期しなかった新奇、ただ驚きだけをもたらすような疎遠、対処不可能な不明等々であったりするだろう。にもかかわらずそれに向けた生の反応が生ずるところにこそ「真正の未来」ひいては未来志向の核が存在するのだ。だからこそレヴィナスは死を無と言いかえて、次のようにもいうことができた。

まさしく問わねばならないのは、〈無〉を存在の限界ないし否定として考えることはできないが、それは間隔あるいは中断として考えることはできるのではないか、意識は

> その眠りの能力、中止の、〈エポケー〉の能力によって、この無すなわち間隔の場なのではないか、ということである。[35]

ここにはわれわれの「死生」の瞬間に接近する考えを見いだすことができる。そしてレヴィナスはこの考えをもっとも象徴的なかたちでこうも表現したのであった。

> メロディーの瞬間瞬間は死ぬためにのみそこにある。調子外れの音は死ぬのを拒んでいる音だ。[36]

同様の考えから発せられた「はじまりの瞬間には、すでになにか失うべきものがある」というレヴィナスの言葉に触発された熊野純彦もこう述べている。

> なぜだろうか。はじまりにおいては、なにものかがすでに所有されているからである。それがはじまりの瞬間いまそれ自体であるにせよ、すでに所有されているからだ。はじまりをはじめること自身において、このはじまりの瞬間そのものが喪われる。そうであるとすれば、はじまり、もしくはなにごとかをみずからはじめることは瞬間の獲得で

あり、同時にその喪失である。あるいは、失うことではじめて手にされるような開始である。(37)

「死生」を唱える西田ならば、こうした考えをけっして奇異なものとみなすことはなかっただろう。これはこれまでの時間論が避けて通ってきた「偶然性」の問題とも抵触する時間論の中心問題というべきだが、今はその指摘だけにとどめ、その問題への立ち入った論究については次章にゆだねることにしよう。

(1)　Augustinus: *Bekenntnisse*, S. 628.
(2)　なお、ここの論議では直接表面に出てこないが、この問題を考えるうえで植村恒一郎『時間の本性』と入不二基義『時間は実在するか』および井筒俊彦『コスモスとアンチコスモス』、今村仁司『社会性の哲学』がいろいろ参考になったことをあえて記しておく。
(3)　西田「私と汝」、『無の自覚的限定』二七八頁。
(4)　同書、二七八―二七九頁。
(5)　同書、二九八頁。
(6)　詳しくは、プラトン『パイドン』七一―七二(邦訳一九五―二〇三頁)を参照。
(7)　こうした事態は西田の近傍においても生じている。一九四三年学徒出陣生を前にして行われた田邊元の「死生」という問題の講演がそれである。田邊はここでハイデッガーの Sein zum Tode(死への存在)を批判しながら「決死」という言葉を持ち出し、それをさらに国家のための自己犠牲を正当化する論理に仕立て上げたのであった。田邊「死生」(二四五頁以下)を参照。
(8) バタイユ『エロティシズム』一六〇頁。
(9) 同書、一六一頁。
(10) これについての詳しい論議は、木村敏『偶然性の精神病理』Ⅲ-三参照。木村はここでヴァイツゼッカーの生命論を持ち出して論議しているが、筆者にはまだこれについて論議するだけの充分な知識はない。
(11) Freud: *Jenseits des Lustprinzips*, Ⅵ参照。フロイトがここで依拠しているのは、ヴァイスマンやウッドラフら当時最新の生物学理論である。知られているように、その後生物学は目ざましい発展をとげ、今日ではここで論じられた「分裂」や「接合」も「分子」のレベルで論じられるまでになっているが、その場合でも同一性と差異、連続と非連続、およびそれら相互の臨界点という問題は依然問題として残るように思われる。これについての詳論は拙著『フロイト講義〈死の欲動〉を読む』第五講を参照。
(12) 森『死と誕生』二二七頁。
(13) 西田『善の研究』一四六頁。これはアウグスティヌスを念頭に置いた言葉だが、実在に関する節においても「此点より見れば精神の根柢には常に不変的或者がある。此者が日々その発展を大きくするのである。時間の経過とは此発展に伴ふ統一的中心点が変じてゆくのである、此中心点がいつでも「今」である」(同書、六一頁)とある。

(14) 西田「私の絶対無の自覚的限定といふもの」、『無の自覚的限定』一三一頁。

(15) 同書、一三二頁。

(16) この類の表現は『善の研究』のいたるところに見いだされる。よく知られたところをあげておけば、「物我相忘じ、物が我を動かすのでもなく、我が物を動かすのでもない、たゞ一の世界、一の光景あるのみである」(三五頁)、「直接経験の上に於ては唯独立自全の一事実あるのみである、見る主観もなければ見らるゝ客観もない。恰も我々が美妙なる音楽に心を奪はれ、物我相忘れ、天地唯嚠喨たる一楽声のみなるが如く、此刹那所謂真実在が現前して居る」(四九頁)。

(17) 西田「私の絶対無の自覚的限定といふもの」、『無の自覚的限定』一一〇頁。

(18) 京都学派におけるアウグスティヌスの時間意識論への関心はほぼ西田の『無の自覚的限定』に平行するように、三木清の『歴史哲学』(第四章一)でも取り上げられているし、学派の外では高橋里美の『全体の立場』(「時間の意識と意識の時間性」)などでも問題にされている。これらはいずれも一九三〇年頃のフッサール現象学の受容と連動しているようである。

(19) 西田「私と汝」、『無の自覚的限定』二六七—二六八頁。

(20) 木村『偶然性の精神病理』一一七頁。

(21) 同書、一一九頁。

(22) 檜垣は『西田幾多郎の生命哲学』の冒頭で、西田の魅力は「西田が「生命」について徹底的に考え抜いて、自身の思考のモデルをつくりあげたこと」にあると率直に表現している(一一頁)。

なお、ついでに触れておけば、檜垣は死を含む個物という西田の発想は「「タナトス」的な時間性を設定しつつ、生成の現場そのものに向かおうとする、ドゥルーズによる「生の哲学」の展開と、並行的なものが見いだされる」とも述べている(一七三頁)。

(23) 西田、前掲書、二七八―二七九頁。

(24) この点に関してはとくに『哲学論文集　第六』に収められた論文「物理の世界」を参照。このなかで西田はマクスウェルのエネルギー変換論や相対性理論に触発された独自の時空間論を試みている。

(25) ちなみに『フッセリアーナ』第一〇巻への収録公刊は一九六六年である。

(26) Husserl: *Zur Phänomenologie des inneren Zeitbewußtseins*, S. 28.

(27) ibid., S. 29.

(28) ibid., S. 35.

(29) Held: *Lebendige Gegenwart*, S. 39.

(30) ibid., S. 39.

(31) ibid., S. 40.

(32) 厳密にいうと、『内的時間意識の現象学』では「予期直観 Erwartungsanschauung とは裏返しにされた記憶直観 umgestülpte Erinnerungsanschauung である」という表現になっているので(Husserl, op. cit., S. 56)、解釈上は未来志向をこの予期直観と区別する可能性は残っている。

(33) Held, op. cit., S. 41.

(34) レヴィナス『時間と他者』六七頁。
(35) レヴィナス『実存から実存者へ』一三五頁。
(36) 同書、六一頁。
(37) 熊野『レヴィナス入門』七四頁。

第五章　偶　然 ——偶然性の時間論

はじめに

ある男は、毎日わずかの賭事をして、退屈しないで日を過ごしている。賭事をやらないという条件つきで、毎朝、彼が一日にもうけられる分だけの金を彼にやってみたまえ。そうすれば、君は彼を不幸にすることになる。彼が追求しているのは、賭事の楽しみなのであって、もうけではないと、人はおそらく言うだろう。それなら、彼にただで賭事をやらしてみたまえ。そうすれば彼は熱中しなくなり、そんなものは退屈してしまうだろう(1)。

一度ギャンブルに熱中したことのある者ならだれでも、このパスカルの炯眼にうなずくことだろう。ごく簡単な例をとってみる。サイコロで偶数(丁)が出るか奇数(半)が出るかを賭ける遊び、ロジェ・カイヨワによる遊びの分類概念「アレア」に属するとされるもののなかでも、もっともシンプルな種類の遊びである。丁が出るか半が出るかは、それぞれ確率五〇％、そこに自分の持ち金を賭けるという、このいたってプリミティヴなゲームに、なぜ人はあれほどまでに熱中できるのだろうか。パスカルの言うとおり、持ち金を賭けることがなければ、これほど単純で退屈なルールの遊びに熱中する者はいないだろうし、また賭けるたびに、勝ち負けの結果とは関係なしに、いつも勝ちに相当する金額をもらえるとしたら、やはりそういう遊びにも白けてしまうことだろう。人は初めから八百長とわかっているゲームには熱中できないものだ。それは負ける側はもちろんのこと、常勝を保証された側でも同じことである。常勝を保証された八百長ゲームに関心があるとすれば、それはゲームそのものの享楽とは別の動機から来ている。

ギャンブルの核心は、だから賭けの結果がわからないこと、その未知の未来にあえて自分の持ち金を賭けるリスクを冒すことにあるといえよう。この条件のいずれが欠けてもゲームの享楽は成立しない。くり返せば、賭け事の本質は、結果がつねに未知的未来に設定されていること、そして賭けの瞬間に自己喪失のリスクが伴っていることである。つまり賭けとは、あえて自らの損失を担保にして儲けを期待する投機であり、この自己喪失の危険のない賭けは賭けにならない。この自己喪失には一円の賭け金や負けたときの代償行為といったレベルから、極端な場合には、ロシアン・ルーレットのように自らの命の喪失(死)までが入りうる。

むろんゲームのなかには「技量」によって結果の未知性を制限する種類のものもある。カイヨワの分類でいえば、「アゴーン」に相当するものにこれが多い。ふつうよほどのまぐれでもないかぎり囲碁や将棋で初級者が高段者に勝つ可能性はない。それは技量が未来の未知性の幅を狭めているからである。技量の差が大きければ大きいほど、結果における未知性は狭められる。これに対して、さきのサイコロによる丁半ゲームやルーレットのようなゲームは、少なくとも理論上は、技量の介入を遮断して、結果の未知性を最大限にまで拡げているとみなすことができる。

われわれの問題はここから始まる。それはわれわれ人間が自己の喪失というリスクを冒しながら、この未知性に賭ける瞬間を楽しむという事実である。ここには不安を楽しむという倒錯した欲動がある。この要素は逆に、技量の差によって未知性が狭められたゲームにおいてさえ、重要なファクターをなしている。囲碁や将棋で結果的には勝つことがほぼ決まっているような高段者であっても、相手の力量とは無関係に、そのつどの互いの一手一手が直面する未知性を楽しむことができるし、ある意味では、だからこそだれとでもそのゲームに興ずることができるのである。また負けることがわかっているような下位の者といえども、一手一手のはらむ未知性を楽しむことはもとより、ゲームそのものに勝つ確率がたとえ極小であっても、やはりそれを期待しながら打っているわけで、そこに未知性の享受というファクターがないわけではない。人はまさに未知なるがゆえに、それを求めるということがあるのだ。それはほとんど衝動に近いと言ってよい。

さて、未知性とは結果が「偶然」にゆだねられるということである。そしてまったく「読み」が不可能な未知性ほど、その偶然の度合いも高くなる。そこでは「既知」の事柄やその上に成り立つ技量は役に立たない。次に出る目が丁か半か、それは少なくとも理論上は、過去の経験や技量とは無関係に五〇%の確率で決まることだ。だからこの賭けの瞬間はそのつど一種の飛躍的決断となる。そしてこの瞬間のもつ飛躍こそ、われわれの時間(意識)論にとって重要な意味をもっているということ、ここに本章のテーマの核心がある。

筆者は前章で、西田幾多郎における「今」という概念が死から生への断絶的な飛躍の点であること、そこに「非連続の連続」が成り立つゆえんを論議した。すなわち「死」によっていったん断ち切られた瞬間と同時に生ずる飛躍としての「生」という問題である。そうした関心から賭け事という現象をみるとき、そこには時間論ないし時間意識論にとって見逃しがたい内実が潜んでいる。言いかえれば、賭けとはわれわれの時間意識のエッセンスをもっとも純化した遊戯であるということができるのである。そしてその問題系のなかで重要な意味をもつ「瞬間」、「今」、「未知性」、「飛躍」、「断絶」といった概念と並んで、それらに匹敵する重要な意味の一端を担っているのが、ここでの中心テーマである「偶然」という概念にほかならない。

一　「偶然」の構造

偶然をテーマにした研究はおもに自然科学の分野に多くみられる。だれもが最初に思いつくのは数学の確率論であろうし、また量子力学ではハイゼンベルクの不確定性原理がその理論的妥当性を認められて以来、それに伴って確率および偶然の概念が物質の「実在」にまでかかわるほどの重い意味をもちはじめたこともよく知られた事実であろう。さらには近年の分子生物学などでも、とくにジャック・モノー以来、偶然概念に対する関心が高まっている印象がある。毛色の変わったところではアーサー・ケストラーのパラサイコロジーにおける偶然性の扱いなどもある。これに対して哲学の分野はどうかというと、この概念のとり方にもよるが、偶然を主題とする論議はきわめて少ない。むろん、アリストテレス以来それについて言及されたことはたびたびある。だが、それ自体を中心テーマとして扱ったものは皆無に等しいといってよいのである。それは「偶然」という概念のもつ特殊で、しかもひじょうに規定の難しい含意そのものにもよるが、総じて哲学はこの概念をどちらかというと周縁的、副次的に扱ってきたといってよい。そういう哲学史の事情に鑑みたとき、ターゲットをこの概念一本に絞り込んで追究した九鬼周造の『偶然性の問題』(一九三五年)は、たしかに異色の哲学的著作ということができる。そこで、われわれもこの九鬼の稀有な業績に敬意を表しつつ、その理論的成果の再確認から考察を開始することにしよう。

偶然性とは必然性の否定である。[2]

九鬼の偶然論はこのテーゼに始まり、このテーゼに終わる。じじつ九鬼はこの著作を含めて、偶然を論ずるところでは何度もこのテーゼを引き合いに出してくるだけでなく、偶然に関する新たな観点が入るたびに必ずといってよいほどこのテーゼに立ち返っているからである。このテーゼが語っているように、九鬼にとって偶然性は必然性のペンダントであり、必然性から切り離された偶然性それ自体というものは成り立たない。簡単に言いかえれば、必然性がポジだとすると、偶然性はさしあたりそのネガとしてとらえられるということである。だから、いきおいその定義も必然性の定義に依存することになる。さきのテーゼを含めた『偶然性の問題』の冒頭は次のように始まっている。

偶然性とは必然性の否定である。必然とは必ず然か有ることを意味してゐる。すなはち、存在が何等かの意味で自己のうちに根拠を有つてゐることである。偶然とは偶々然か有るの意で、存在が自己のうちに十分の根拠を有つてゐないことである。すなはち、否定を含んだ存在、無いことの出来る存在である。換言すれば、偶然性とは存在にあつて非存在との不離の内的関係が目撃されてゐるときに成立するものである。有と無との接触面に介在する極限的存在である。有が無に根ざしてゐる状態、無が有を侵してゐる形象である。(3)

この冒頭の言葉は、われわれの解釈作業が終わったところであらためて新たな意味をもって浮上してくることになるが、とりあえずはこの必然性の否定態としての偶然性という定義にしたがって、九鬼のおこなったこの概念の整理を見ておこう。今確認したように、偶然性はあくまで必然性の否定態である。だから、その定義はあくまで必然性の定義に相即依存する。そこで手続き上前提としてあげられるのが「定言的必然」、「仮説的必然」、「離接的必然」であり、その裏返しとして「定言的偶然」、「仮説的偶然」、「離接的偶然」

があげられる。(4)

まず「定言的必然」の「定言的」とは、ドイツ語でいう kategorisch のことで、とくにカント以来、「きっぱりと」という日常的な意味とは別に、概念と徴表ないし実体と属性の関係を言い表す哲学的ジャーゴンである。つまり、定言的必然とは、ある概念の属性がその概念にとって必要不可欠で、それがなかったら当の概念そのものが成り立たなくなるような、そういう概念と属性の関係のことを意味している。たとえば「三角形」という概念と「三つの直線に囲まれた面」という徴表との関係がそれである。これに対してその三角形が「赤い」とか「三〇㎠の面積をもっている」といった規定は「三角形」の概念そのものにとっては何の必然性ももたず、その意味で偶然だということになる。

第二の「仮説的必然」の「仮説的」とは hypothetisch のことで、ふつう「仮言的」とも訳される、同じく哲学的ジャーゴンである。これは因果律を前提にした関係概念で、原因と結果との間に「Aであれば、必ずBとなる」という関係が成り立つとき、その両者は仮説的必然の関係にあるといわれる。九鬼はこの仮説的必然に目的論をも含めながら、さらに事細かな分類をしているが、ここではとりあえず、この因果間の必然性という大雑把な規定で満足しておくことにしよう。「仮説的偶然」とは、だから基本的にはこの因果(目的)関係に必然性がない場合をいう。ごくありふれた例をあげておけば、四の付く日や一三日の金曜日に身のまわりに嫌なことが起こり、その日付と出来事を結びつけて考えるような場合である。両者の間には因果関係もなければ、ましてその日の出来事が目的であったわけでもない。両者の関係はあくまで偶然であり、それを迷信的に恐れるというのは、また別の心理学的問題である。

第三のジャーゴン「離接的 disjunktiv」とは、簡単にいえば、全体と部分の関係のことで、多くの場合は「選言的」という訳語がつかわれる。「全体」という概念は完結的で絶対的な自己同一性をもっているとみなすことができ、そのかぎりでそれ自体が必然的とみなされる。「離接的」ないし「選言的」というのは、それ自体において必然的なこの全体に対して部分がおびる関係的属性である。たとえば三角形という全体に対して「直角三角形」は「鋭角三角形」や「鈍角三角形」などと並んで、その一部をなすにすぎない。つまり「直角三角形」は全体としての「三角形」からすれば、「鋭角三角形」でもありえたし「鈍角三角形」でもありえたわけで、それらの部分は互いに排他関係にありながら、ひとつひとつはたまたまそのなかから選出されたものだということから「選言的」と呼ばれる。ここでは部分であること自体が、すでに全体に対して「偶然」の位置を占めるのである。つまり、部分が全体の否定だとするなら、部分は初めから必然たる全体の否定としての偶然と考えられるわけである。後論のために一言つけくわえておくと、神学的ないし形而上学的に考えられた神のような「自己原因 causa sui」によって成り立っている実体に対してその他の存在者がもつ関係もこの離接的偶然に入る。なぜならこうした自己完結的な実体が他の何ものにも依存することなく、それ自身の本質において存在する絶対的な全体としての必然であるのに対して、他のもろもろの存在者はあくまで(被造物として)その部分にすぎないと考えられるからである。

こう見てくると、九鬼は偶然の概念をただ三つの類型に分けただけのように見える。だが九鬼は、ちょうどヘーゲルの論理学がそうであるように、これらの類型間に論理的「移行」関係を見いだしながら、第三の「離接的偶然」の根源性を位置づけようとする。

たとえば、最初の「定言的偶然」の一例として「四葉のクローバー」があげられる。「クローバー」という概念に対して「三葉であること」はその概念の定言的内容からして必然だが、「四葉であること」はたんなる偶然にすぎない。だが、この偶然の産物たる四葉のクローバーがなぜできたのかを因果的に探って、植物学的であれ、気象学的であれ、そこに何らかの特殊な原因が見つかったとすると、この「定言的偶然」は「仮説的必然」に転ずる可能性がある。

つぎに、「仮説的偶然」といわれるものは、どのようなかたちで「離接的偶然」に移行しうるのだろうか。この点は九鬼の偶然論の要点なので、やや丁寧に追ってみよう。まず

AとBの事象の間に何の因果関係も認められず、その両者の同時的生起が「仮説的偶然」ないし「経験的偶然」であるとする。この二つの事象の同時的生起は九鬼の言葉でいえば「各々独立に自己の系列に於て展開する原因および事実の諸体系間の結合」[5]ということになる。つまり、それぞれ独自の因果系列をもっている事象どうしが、その一点において遭遇したということである。だが、これら互いに別々の系列の原因を遡及していって、どこかで共通の原因が見つかったとするなら、これら一見別々に見えた系列どうしの出会いは、もはやたんなる偶然とはいえない。つまり、それは「仮説的必然」に転ずるのである。もっともこの見つけられた共通原因も、それ自体がまたさまざまな因果系列の偶然的な「交叉点」である以上、この因果系列の遡及は無限につづくことになる。

〔…〕かくして我々はxに遡る。このxとは果して如何なるものであらうか。

我々は経験の領域にあつて全面的に必然性の支配を仮定しつつ、理念としてのxを「無窮」に追うたのである。しかしながら我々が「無限」の彼方に理念を捉へ得たとき、その理念は「原始偶然」であることを知らなければならない。シェリングの言ふ如く「それに関しては、在るとだけ云へるので、必然的に在るとは云へないのである」(man kann von ihm nur sagen, dass es Ist, nicht, dass es notwendig Ist)。それは「最古

の原始偶然」(der älteste Urzufall) である〔…〕。(6)

問題は、この仮説的偶然を追求していった果てに出てくる「原始偶然 Urzufall」である。九鬼のここでの論議は、引き合いに出されたシェリングのみならず、多分に仏教の「因縁」や「業」の概念にも影響を受けているように見えるが、九鬼はこの「原始偶然」をさらに最終段階の「離接的偶然」に移行させていく。さきに見たように、「離接的偶然」の前提となるのは「全体」という必然であった。九鬼にとってこの全体的必然のなかで究極的な位置を占めるのが神的実体を想わせる「絶対的形而上的必然」である。因果の連鎖を究極まで遡って得られた「原始偶然」にはこの「形而上的必然」こそが、そのパートナーとしてふさわしい。だから問題はその両者の関係ということになる。九鬼はここに行き着くための前提として途中煩瑣な論議をおこなっているのだが、ここではそれを省略して、一挙にその結論部を見ることにしよう。

原始偶然は「原始事件」(Urereignis) であり、「歴史の端初」(Anfang der Geschichte) である〔…〕。然しながら、因果的連鎖に制約された必然的系列の絶対的起始はまた系列の各成員たる経験的必然のすべてを部分として含蓄する全体と考へることも出来る。他方にあつて、絶対的形而上的必然とは離接的地平に於て形而上的偶然のすべてを部分とする全体である。さうして全体たる絶対的必然は部分たる離接肢の措定を制約するとも見ることが出来るから、因果系列の絶対的起始とも考へ得るものである。系列的な見方と外延的な見方とが斯やうに互に交換され得る限り、原始偶然と絶対的形而上的必然とは同一のものでなければならない。(7)

九鬼の意図は明らかであろう。一見派生的でネガティヴに見えた偶然性の概念が、究極のところでは必然性と不可分の重要な位置を占めているということである。このことは「運命」という概念を考えてみればわかりやすい。運命とは、あらゆる恣意性を排した偶然の徹底した姿であると考えられると同時に、そのように定められたと諦観することで、絶対的な必然をも意味していると考えられるからである。(8)要するに、偶然は究極においては「形而上的絶対者」と同じになってしまうのだ。あるいは「絶対的形而上的必然と原始偶然とは一者の両面」(9)にほかならない。絶対的形而上的必然が絶対者の「静的」な「即自態」であるとするなら、原始偶然は「動的」な「他在」である。(10)絶対者が空虚な抽象的全体ではなく、あくまで具体的な全体であるべきだとするならば、その必然性は偶然性に制約されていなければならない。逆にいえば、偶然性とは全体をその内実において支える具体性の保証なのだ。その意味で絶対者とは「必然－偶然者」でなければならない。ここに九鬼の描いた「弁証法」のイメージも現れているが、この点に限っていえば、九鬼の弁証法理解は西田や田邊元に接近していると言ってよいだろう。(11)

二　偶然の時間論的再構成

以上が『偶然性の問題』で展開された偶然論の大まかな骨子だが、正直なところ、こうした偶然論を前にしてわれわれは当惑せざるをえない。容易に気づかれるように、ここに展開された九鬼独特の過剰なまでの図式的思考法それ自体が、必ずしもわれわれの関心である時間ないし時間意識の問題にそぐわないからである。有名な『「いき」の構造』(一九三〇年)もそうだが、九鬼哲学はつねにその博覧強記に由来する豊富な具体例をもとに論議を展開していくところに特徴があるが、同時にその哲学的思考は、意外にも基本的にアリストテレス、スピノザ、ライプニッツ、カント、ヘーゲル、新カント学派(とくにルドルフ・ヘルマン・ロッツェと、カント講読のプライベート・レッスンを受けたこともあるハインリッヒ・リッケルト)と受け継がれてきた古典的な範疇図式論ないし様相論の内部を忠実に動き回っているため、おうおうにしてわれわれが問題にしようとする時間意識の次元が前面に出てこないのである。したがって、われわれの次の課題は、この図式的にまとめられた九鬼の偶然論からその基本枠となっている諸範疇をいったん取り外し、そこからあらためてわれわれの論議に有効な内容を再構成しながら抽出してくることにある。

まず、九鬼の偶然概念がもっぱら論理的次元でとらえられていることは、だれの目にも明らかであろう。「定言的偶然」の概念はその典型である。だから、この第一概念との関連で時間について触れられることはない。そこで、時間のアスペクトがもたらされるのは第二の因果関係を前提とする「仮説的偶然」からということになるのだが、この第二段階での時間への言及はまだ本質的論議にまでは至っていない。というより、ここでの九鬼の記述は意識的に控えられているという印象を与える。だから内容的には、偶然が同時的および継起的に生ずること、またその生起は「ここといま hic et nunc」を特徴としていること、そして偶然が歴史概念と密接に関係していることなどを表面的に指摘するにとどまっている。

また、もうひとつ指摘しておいてよいことは、この「経験的偶然」とも呼ばれる「仮説的偶然」に関して九鬼がもちだしてくる偶然の諸例がほとんどその偶然が起こってしまった結果であることも、ここでの時間論的アプローチの弱さに与っているということである。つまり九鬼は偶然とは「ここといま」の出来事だといいながら、その偶然的事象が生じた後の結果をいわば事後的に提示するというアプローチ上の誤りを犯しているのである。偶然が現在をその本質的性格としてもつとするなら、むしろその偶然が生起する現在を現在としてとらえるところにこそ時間意識論の眼目があるといわねばならない。そういう観点から見ると、偶然の時間性ないし現在性が正面から論じられるのは、第三章「離接的偶然」の第九節「偶然性の時間性格」においてであるということができる。以下、その内容を見ておこう。

まず九鬼は、これまでにも触れた二つの中心概念「必然性」、「偶然性」にもうひとつ「可能性」の概念をくわえ、それらにそれぞれ過去、現在、未来の時間様態を対応させる。すなわち、「可能性」は、その「予め」という図式ゆえに「未来」の時間性格をもち、「必然性」は「既に」という図式ゆえに「過去」の時間性格をもつとされる。これに対して「偶然性」は「いま」を図式とする「現在」だとされる。そしてさらにそれらどうしの関係が次のようにとらえられる。

> いつたい、未来的の可能は現実を通して過去的の必然へ推移する。可能は、大なる可能性から不可能性に接する極微の可能性に至るまで、可能の可能性によつて現実と成る。現実は必然へ展開する。さうして一般に、可能が現実面へ出遇ふ場合が広義の偶

然である。可能性の大きいものでも現実面へ出遇ふ限りにおいて多少とも偶然の性格を取つて来る。(12)

この時間表象はかなりありふれたもので、あえて説明の必要はないであろう。問題はこの三者の関係において偶然性が占める特別な位置である。

これまでにもたびたび引き合いに出してきたアウグスティヌスの論議以来よく指摘されているように、過去、現在、未来の三つの時間様態は必ずしも一本の単純な直線表象によってはとらえきれない次元をはらんでいる。すなわちそれは、アウグスティヌスの言葉でいえば、「過去についての現在 praesens de praeteritis」、「現在についての現在 praesens de praesentibus」、「未来についての現在 praesens de futuris」のすべてに共通する「現在 praesens」の特別な位置価である。言いかえれば、いわゆる過去も未来も、あくまで「現在＝今」によって構成されて成立する現在依存的な存在であって、その依存関係はわれわれがふつうに理解している「現在」や「今」自体にも当てはまる。どういうことかといえば、われわれは日常の言語使用では「今」を、一定の幅をもち、すでに多かれ少なかれ近未来や近過去の内容さえ含んだものとして理解している(「たった今」、「今すぐ」、「今……しているところだ」など)。しかもそれは一定のイメージを備えた表象でさえありうる。

だが、そうしてとらえられた「今」はすでに対象化され構成されてしまった今であることもたびたび述べてきた。これに対してアウグスティヌスが「現在についての現在」というとき、そういう一般的に理解された今の表象のベースに、それを構成的に呈示・現在化する präsentieren 働きとしての「現在 praesens」が想定されているということである。現在がもつこの特別な位置価は、だから九鬼の場合、偶然性にも直結してくることになる。

一般に偶然は現在性に於て創造されるものである。また勝義の偶然は未来的なる可能性減少の極限として未来なき不可能性の無から、現在の非存在的一点をくぐつて忽然としてほとばしり出るものである。(13)

ここに現在と重なる偶然の特別な位置価が示されていることは明らかだが、それよりも注意を要するのは、ここで言われる「未来的なる可能性減少の極限として未来なき不可能性の無から、現在の非存在的一点をくぐつて」の部分である。とくに注目されるのは、九鬼が現在を「無」ないし「非存在」ととらえている点である。このことは、これにつづいて継起的偶然を同時的偶然に還元する論議でも強調されている。

継起的偶然が偶然である所以は、与へられた「いま」の瞬間に於て、「既に」与へられたものと符合するその現在的性格に懸つてゐなければならない。偶然性の成立する現在は「一点に於て過ぎ行く」(in puncto praeterit) (Augustinus, Confessiones XI, § 28) 無に等しい現在である。無に等しい現在に於て危く成立するところに、偶然性の、不可能性と共有する、虚無的性格が感触されるのである。(14)

過去、現在、未来と直線状に並ぶ「現在」が「存在」であるとするなら、それらのベースとなる「現在」の方は「非存在」ないし「無」だと九鬼はいう。なぜか。それは九鬼がここで「現在」ないし「今」を対象化的認識から切り離して、あえていえばそれを「エポケー」して、その直接性においてとらえようとしているからである。このあたり、西田の「純粋経験」や「永遠の今」の考えに近い。

現在において現実としての偶然を正視することが根源的一次的の原始的事実である。次で二次的に未来への動向として未来的な可能を斜視し、過去よりの存続として過去的な必然を斜視する場合が考へられるのである。〔…〕体験の直接性にあつては、偶然は、正視態として、直態として、現在に位置を有つ限り、時間性的優位を占めたものである。また瞬間としての永遠の現在の鼓動にほかならないものである[15]。

「直態」ないし「正視態」とはオスカー・ベッカー、フランツ・ブレンターノの用語「modus rectus」の訳語で、それが「斜態 modus obliquus」ないし「斜視」と対置されている。ここには、さらに九鬼独自の永遠に回帰する「形而上学的時間」の論議が絡んでくるのだが[16]、こうした点を含めて、これまでの内容をまとめて言いかえておけば、ここで九鬼のとらえている「偶然性」とは、対象化的構成以前の瞬間的で直接的な現在、しかもそれ自身は無ないし非存在でありながら、対象化された一般的時間表象を生み出すような、そういう原基的な存在ならぬ存在としての現在を場として生ずる事態である。だから、こうした論議に徴するかぎり、九鬼の考えは後のドゥルーズやデリダなどの考えに相当近いところまで来ていたことがわかるだろう[17]。ここで前節で引用した『偶然性の問題』冒頭の箇所をもう一度読みなおしてみよう。

偶然性とは必然性の否定である。必然とは必ず然か有ることを意味してゐる。すなはち、存在が何等かの意味で自己のうちに根拠を有つてゐることである。偶然とは偶々然か有るの意で、存在が自己のうちに十分の根拠を有つてゐないことである。すなはち、否定を含んだ存在、無いことの出来る存在である。換言すれば、偶然性とは存在にあつて非存在との不離の内的関係が目撃されてゐるときに成立するものである。有と無との接触面に介在する極限的存在である。有が無に根ざしてゐる状態、無が有を侵してゐる形象である。

ここにいわれる「非存在」や「無」が、もはやたんなる論理的「否定」などではないことがわかるであろう。もしそうだとしたら、「有と無との接触面」とか「有が無に根ざしてゐる」といった表現は意味をなさない。偶然の生起、すなわち文字通りの accident とは、生起することがまったく不可能ではなかったとしても、少なくとも存在する理由を充分にもたなかった未知の何ものかが、いわば不意打ちするように、現在という一種の無において存在・有として立ち現れることをいう。(18) そしてそれは、この後引きつづいて西田の「永遠の今」を問題にするわれわれにとってもきわめて重要な観点を提供しているのである。

そしてさらに、こうした興味深い論点は、結論部第二節「偶然性の内面化」においてもうひとつの重要な観点と結びつけられる。ここで九鬼はあらためて偶然性が「独立なる二元の邂逅」であることを確認したうえで、次のように述べている。

経験的認識は認識の限界たる偶然性から出発し常にこの限界に制約されたものでなければならない。経験に斉合と統一とを与へる理論的体系の根源的意味は他者の偶然性を把へてその具体性において一者の同一性へ同化し内面化することに存してゐる。真の判断は偶然―必然の相関に於て事実の偶然性に立脚して偶然の内面化を課題とするものでなければならぬ。〔…〕判断の本質的意味は邂逅する「汝」を「我」に深化することでなければならない。我の内的同一性へ外的なる汝を具体的に同一化するのが判断の理念である。しかしそれはエレア的抽象的普遍性に於ける空虚なる同一性を目指すのであつてはならない。同一律による内面化は事実として邂逅する汝の偶然性に制約された具体的内面化でなくてはならない。(19)

問題は、いうまでもなく、ここで偶然性の邂逅に関して突如としてもち出されてくる「汝」の概念である。これは明らかにたんなる人称概念ではない。それは筆者なりに言いかえれば、予期不可能な偶然において遭遇する「他者」、「他性」ひいては「未知性」一般のことにほかならない。つまり、偶然の生起する現在とは、既知性も予期性も、いや対象化された世界総体が失効して、ただむき出しの状態で直接「他なるもの」に遭遇しなければならない瞬間のことである。そして九鬼はそこにこそ具体的で生きた認識の源泉があると言っているのだ。同一性とはアプリオリに自存するものではない。それは不断に未知との遭遇を「内面化」することによって成り立つ動的な何ものかだということである。[20] この偶然性の上に成り立つ同一性という構想、ここにあれだけ硬直した範疇図式に拘泥しつづけた九鬼の思考が最後に行き着いた——むろん積極的な意味での——自己解体《デコンストラクション》が見られる。

三　西田における時間と他性の問題

九鬼の偶然論が「汝」の問題で終わったのは偶然ではない。今まで述べてきたことからもわかるように、偶然というテーマは多分に時間論との親和性を内包しているのだが、哲学史に照らしてみると、その時間論はまた「汝」を問題にする他者論とも親和的な関係にあるからだ。もっとも、この時間論と他者論を重ねて論ずるという「伝統」はそれほど古いものではなく、その起源もせいぜい二〇世紀初頭あたりまでしか遡れないと推定されるが、少なくともディルタイ以降、とくにベルクソンの生の哲学やフッサールの先駆的な仕事につづく現象学系の哲学において、この傾向が目立っているように思われる。これには、後にも触れるように、二〇世紀初めから出てくる物理学の新しい時間空間概念などが間接的ながらも大きな影響を与えているように思われてならない。ヨーロッパの先端知に敏感で、早くからリーマンによる非ユークリッド幾何学やハイゼンベルクの不確定性原理などにも関心を抱いていた九鬼が、こうした哲学上の動向を察知していたのは、その読書傾向および人的交流からいっても確実である。

とはいえ、当時こうしたヨーロッパの先端知に敏感だったのは九鬼だけではない。ある意味では彼の先輩であり同僚ともいえる西田や田邊も同じであったし、三木清をはじめとするその弟子たちもまた多かれ少なかれそうであった。われわれの当座の問題に限っていえば、とくに九鬼の『偶然性の問題』公刊にやや先駆けて『無の自覚的限定』(一九三二年)を著した西田が、そのなかの有名な「私と汝」(同年発表)という論文において、やはり時間と他者の相即関係をかなり立ち入って論じているのである。本節では、したがってそのことがテーマとなる。

折にふれてたびたび書いていることだが、「私と汝」は奇妙な論文である。タイトルにひかれて他者論を期待して読み始めると、そこに展開されるのは「永遠の今の自己限定」とか「現在が現在自身を限定する」というようなテーゼが何度もくり返されるような、多分に時間論に傾いた内容だからである。だから、われわれとしてもこの西田の時間概念とくに「今＝現在」概念と「汝」概念との内的関係に焦点を定めながら、あわせてそれがこれまでの偶然論とどのような理論的つながりをもちうるのかを検討していくことにしよう。

西田の時間論はこれまで何度も述べてきた「永遠の今の自己限定」というテーゼに集約されるといってよい。「現在が現在自身を限定する」とか「瞬間的限定」といったテーゼはその表現上のヴァリエーションであって、内容的にはすべて同じことをいっている。西田にとって過去 - 現在 - 未来ないしその逆の未来 - 現在 - 過去とつづく時間表象は二次的な意味しかもたない。それらはあくまで今＝現在がその瞬間瞬間において産出する対象化された表象にすぎないからである。むろんわれわれの日常の「リアル」な時間意識はこの対象化された時間表象をもとにしている。だが、あくまで現在時間の「純粋経験」を見すえる西田にとっては、いまだ主客の区別の生まれない直接態としての現在こそがすべての出発点でなければならない。

だから、この瞬間としての今が、そのまま過去や未来に連続するのではなく、それ自体は断絶点でありながら、その断絶のなかからいわば二次的に連続性を産出する「非連続の連続」という本質的に矛盾を孕んだ特異点であることは、前章で詳しく論議したとおりである。この断絶する今は、だからふつうの意味で「存在」とは呼ぶことができない。それはむしろ、さきの九鬼の論議にもあったような「非存在」ないし「無」といってもよい。それはあまりにも直接すぎて、何か実体的なものとして手にとって見ることのできるような存在ではないのだ。

　西田の場合、ひとつの問題は、この産出作用の起源ならぬ起源としての現在が、あえて「永遠の今」と呼ばれることである。表現としてならば、九鬼もまた同じ言いまわしをつかうことがあるのだが[21]、両者の含意には大きな隔たりがある。九鬼にとって、偶然の生起する瞬間的現在が永遠であるのは、その瞬間を通って永遠に回帰する「形而上学的時間」が顔をのぞかせるからにほかならないが、西田にとって永遠に回帰する形而上学的時間という考えは前提になりえない。あるのは、ただ純粋な直接経験としての今しかないからである。これが「永遠」といわれるのは、むしろ西田が徹底した現在中心主義の立場をとっているからである。過去であれ、未来であれ、そしてまた対象化されてとらえられた現在であれ、それらが何らかの内容を伴って表象として現出する場合、それらを現出させている「場所」としての現在はつねに「今」という性格をもっていなければならない。前章でも触れた想起の場合を例にとっていえば、われわれは想起の内容がしだいに過去へと消えていくというように考えがちだが、少なくともその想起自体はあくまで現在意識の場で起こっていることであって、この現在性はあくまで内容の過去性とは区別されなければならない。このことは未来の予期に関しても、また現在起こっている知覚に関しても同じである。つまり、西田のいう「永遠の今」は、ある意味でアウグスティヌスの「現在」概念を徹底するところから来ているのである。アウグスティヌスの場合、たとえその背景に神の永遠性が想定されているとしても、論理の問題としては、これらの次元は混同されてはならない。

ここで九鬼と西田の思考法のちがいが明確になる。さきにも少し触れたように、九鬼が偶然を論ずるとき、その視点がおうおうにして事象を事後的ないし外的に――場合によっては超越的に――眺める傾向があるのに対して、西田はどのような事象に対しても、自分の視点を、その事象の内部とまではいわないにしても、少なくともその事象に即した、いわば当事的現在意識の側に置いて考えるという根本姿勢を貫いているということである。後期の概念「行為的直観」などは、その好例ということができよう。なぜなら、西田の「行為的直観」とは、行為を、たとえば社会学者がやるように外から距離を置いていわば対象化して観る(解釈・分析する)のではなくて、あくまで行為当事者ないしそのつどその行為の瞬間における当事意識の側から見ようとする「自覚」だからである。だからこの場合の「直観」ないし「自覚」とは、むろん霊能とかインスピレーションといったようなものではなくて、あくまで隔たりをもって事象を対象化する以前の「直面」、レヴィナスを洒落ていうなら、文字通り「顔《ヴィザージュ》」との直接的遭遇のことである。この「直面」の瞬間こそが「永遠の今」にこめられた意味なのだ。

本題にもどろう。永遠の今の自己限定が、なぜ他者ないし汝の問題とつながるのか。ふつうにはこの両者はそれぞれ別の次元に属し、ただちにつながることはありえないと考えられている。だが、論文「私と汝」の冒頭でも言われているように、西田にとって「すべて実在的なるものは時に於てあると考へられ、時は実在の根本的形式と考へられる(22)」。つまり西田にとって時間こそが存在論のベースなのだ。だから、たとえば物と環境の関係のような、一見時間性とは無縁のように見える関係であっても、そのベースにはつねに時間がはたらいていると西田は考えるわけである。

真の弁証法といふものが考へられるには、物が環境に於てあり、環境が物を限定し、物が環境を限定するといふ考から出立せなければならぬ、即ち場所的限定の立場から出立せなければならぬ。物が何等かの意味に於て環境に含まれて居ると考へられるかぎり、弁証法的運動といふものは考へられない。真の弁証法的運動といふものが考へられるには、物が絶対に環境から死し去らねばならぬ。物と環境との間には何等の作用的関係もなくならねばならぬ。環境は物に対して単なる場所といふ如き意味を有たねばならぬ。物と環境とは互に偶然的でなければならぬ(23)。

この記述には当時影響を受けたヘーゲルやマルクスのバイアスがかかっているので、真意の読みとりが難しいが、重要なのは、西田がこの「弁証法的運動」が成り立つ「場所」として、直接的現在を考えているということである。西田にとっては、どんなかたちであれ、初めから因果的連続性が想定されるようなものは問題とならない。それは事後的な解釈の投影でしかないからだ。その意味で西田の弁証法解釈は一般的なそれと決定的に異なっている。弁証法とは、あくまで「非連続の連続」としてそれ自体「断絶」であるような「永遠の今」の瞬間において成立する飛躍の運動にほかならない。だから、ここではいったん「物が絶対に環境から死し去らねばならぬ」ないし、その両者の間には「何等の作用的関係もなくならねばならぬ」ないのである。それでもなお、そこに「連続」が成り立つとするなら、それは一種の「飛躍」を通してということになる。だからわれわれにとっては、ここで西田が、九鬼において現在と親和的とされた「偶然」という言葉をつかっているのは大変に興味深い(24)。つまりここでいわれている「偶然」とは、事象が今においてその今の断絶を超えて飛躍的に生起することを意味すると考えられるからである。九鬼の偶然論をドゥルーズと西田に引きつけて解釈する檜垣もこう述べている。

偶然性とは、そのまま「出来事」を主題化することであるとすら言える。言い換えれば、それは「瞬間」についての言明である。そして「出来事」の時間は、それ自身、ドゥルーズの生成論の核心に位置している。「瞬間」について論じることとは、「切断」について考えること、流れの傾向性から、現在が切りだされる事態について語ることである。流れからある一瞬がとりだされてくる。それそのものが賭けである。そうした賭けが、「出来事」論を偶然性に接近させる(25)。

さらに西田の引用のなかで言われている「場所」という概念も注意を要する。第三章でも述べたように、『働くものから見るものへ』(一九二七年)のなかの「場所」論文(一九二六年発表)でも展開されたこの中期西田のキーワードは、いうまでもなく、たんなる物理的な場所のことではない。それはあらゆる事象が生起する磁場のようなもので、そこには前人称的な意識作用も働いている。その点、論文「私と汝」における西田自身の記述はいささか混乱していて、この概念を環境、社会といった具体的な概念とも重ねて考えてみようという試みがなされているため、厳密な概念の同定が不可能になっているが、どのようなかたちであれ、そうした場所とか環境といった磁場があくまで「現在」意識をベースに考えられていることに変わりはない。西田の場合、とくにこの一点を見過ごすと、いつでも誤解が生じうる。「汝」というのは、こういう現在意識に支えられた磁場において出会われる一事象であり、そのかぎりで根本的に時間的性格を離れることがないものである。かくて私と汝は「永遠の今の自己限定として、即ち働くものとして、共に永遠の今に於てある」[26]ということになる。では、この時間地平において私と汝はどのように出会うのか。

瞬間的限定の底に於て未来から限定せられると考へる時、我に対して絶対に非合理的なるものは物質ではなくして他人である。[27]

あくまで瞬間的現在を場としながら出会われる他人が「未来」だとはどういうことだろうか。西田によれば、くり返しになるが、今という断絶点で断ち切られた過去と未来とが、にもかかわらず連続するところに永遠の今の自己限定ないし現在の自己限定の眼目があった。だから、まずこの断絶的連続、すなわち「非連続の連続」の内的構造をおさえておく必要がある。

我々は我々の現実の底に無限の過去を見ると考へる時、即ち無限に非合理的なるものを見ると考へる時、我々は何処までも物質界によつて限定せられて居ると考へざるを得ない。併し我々が瞬間的限定の尖端に於て無限の未来から限定せられて居ると考へる時、此世界は我々の意志実現の場所といふ意味を有つて来なければならぬ。[28]

この一節は大変意味深長なことを述べている。西田は過去と未来という時間概念にそれぞれ物質と意志のファクターをあてがっている。それは前章で述べた断絶する今という瞬間における「死」と「生」の両義性とも対応しあっていると考えてよい。つまり、西田が「未来」というとき、そこには「意志」を伴った「生」というイメージが重ねあわされているということである。だから、もうひとつ前の引用で他人が未来の側に置かれていたのも、このことから理解されなくてはならない。この点をもう少し説明しておこう。

他人という人格的存在は、いうまでもなく死んだ物質ではない。また、時間との関連でいえば、私の側にある過去の「既知」にもとづいて捕まえてしまえるような存在でもない。それは必ずしも私の意のままになることのない絶対的な独立性、一回性を備えた生きた存在である。その意味で、それは私にとっての「絶対の他」である。これに対して他者を類推や感情移入によってとらえようとするのは、あくまで「既知」にもとづいた他者理解の試みにすぎず、それでは他者の他者性はつかむことができない。[29]では、他者を他者としてつかむとはどういうことか。それは「既知」ないし「過去」との連続性をいったん断ち切って、「絶対の他」たる他者に直接遭遇し、それを受け入れることである。その意味でこの出会われる他者は「未知」をはらんだ未来との遭遇と同じになる。それは私の側からすれば、私の「死」あるいは「私」という存在の底を突き破ってしまうことでもある。そうしなければ、他者を絶対の他としてとらえることはできなくなる。そしてこの関係は相互的だと西田は考えるわけである。ここに論文「私と汝」の中心をなし、しかもたびたび引き合いに出される次のようなテーゼが出てくるのである。

絶対の死即生といふことは、唯、ノエマ的に一つのものが死即生であると云ふのではない、又、過程的に否定が即絶対の肯定であると云ふのでもない、自己が絶対に他なるものと一であると云ふことでなければならない、自己の中に絶対の他を見、絶対の他の中に自己を見ると云ふことでなければならない。絶対に他なるものとは考へることのできないものである、而もそれが私をして私たらしめるものであるといふ所に、真の死即生の意味があるのである。(30)

私と汝とは絶対に他なるものである。私と汝とを包摂する何等の一般者もない。併し私は汝を認めることによつて私であり、汝は私を認めることによつて汝である、私の底に汝があり、汝の底に私がある、私は私の底を通じて汝へ、汝は汝の底を通じて私

へ結合するのである、絶対に他なるが故に内的に結合するのである。(31)

この結論的テーゼからいえることは、他者と未来とがその絶対的な他性あるいは未知性において、現在のはらむ死から生への飛躍を介して出会われるということである。そしてこのことはまた、あの九鬼によってつきつめられた偶然性の理解とも合致する。九鬼がこの関連で「驚き」を問題にするのも、この偶然的現在の瞬間が絶対的な他性との遭遇をはらんでいるからにほかならない。この次元がさらにキルケゴールやレヴィナスの突き当たった問題とも重なることは、私自身これまでにも何度か指摘してきたことである。(32)

直接のテーマではないので、ここでは簡単な指摘だけにとどめるが、これに関連してもうひとつ触れておかなければならないことがある。それは、この時間論と他者論の相即関係が、西田の場合には時間と空間の矛盾を含んだ不可分一体性の考えと平行しているということである。この考えは後期に入って「絶対矛盾的自己同一」の概念を駆使する頃から明確な姿をとりはじめるのだが、その大きなきっかけとなったのが相対性理論や不確定性原理、エネルギー変換論などの物理学におけるパラダイム・チェンジともいうべき理論革命である。とくにハイゼンベルクの不確定性原理に関しては *Die physikalischen Prinzipien der Quantentheorie* などの著作をも読んだうえで、そこから事象に与える観察の影響、古典的因果関係の失効、素粒子のシンボル的存在性格といった当時の新知識を精力的に吸収しているほどである。そうした物理学ショックは最晩年の仕事に顕著な跡を残しており、その代表的な論文としては「知識の客観性について」(一九四三年)、「物理の世界」(一九四四年)、「空間」(一九四五年)などをあげることができる[33]。ここではしかし、論議の煩瑣を避けて、そうした一連の著作に現れた時間空間論の要点だけを確認しておくことにしよう。後にたびたびくり返されることになる、その基本テーゼはすでに、初めて量子力学を問題とした論文「知識の客観性について」に見られる。

時は過去から未来へと、一瞬も止まることなき直線的進行として成立するのでなく、実在的時は一面に於て円環的でなければならない、即ち空間的でなければならない。之に反し、実在的空間は時間的でなければならない。力の場は時間空間の矛盾的自己同一でなければならない。普通には抽象的に時間空間の枠を考へ、実在界を此枠に於て考へるのであるが、逆に時間空間は、作り作られる、我々の自己の実在界の相反する両方向に考へられるものでなければならない。我々が働く即ち作るといふ方向に、無限なる時の方向が考へられ、我々が働かれるといふ方向に無限なる空間が考へられる。〔…〕故に時間空間と云ふのは、要するに私の所謂一と多との矛盾的自己同一の形

式と考へることができる。(34)

じつは、この時間と空間の相即関係には汝(他者)問題のほかに、生と死、精神と物質、未来と過去、一と多(全体と部分)といったディコトミーの複合体《コンプレックス》がからんでくるので、それらを簡単にまとめることは不可能なのだが、少なくともここでは、時間と空間がそれぞれ次元を異にした二つのアプリオリな枠組としてではなく、互いに限定の方向を異にするとはいえ、あくまで不可分一体の動態《デュナミーク》としてとらえられていることが確認されればよい。その意味でも、時間論と他者論がパラレルに論じられるのは、西田にとってけっして奇妙な論議ではないのである。そして、われわれが追ってきた文脈にとってさらに重要なことは、こうした時空の矛盾的自己同一がほかならぬ絶対現在という瞬間的な「無の場所」で生じているということである。要するに、時間空間とはその永遠の今ないし絶対無が自己を限定する、その様式のようなものだということになる。(35)

四　「いきなり」と「ま」の精神病理

最後に、これまで述べてきたような、現在を基点とした未来への不連続な飛躍、あるいは偶然性を孕んだ限定の瞬間という抽象的な論議に、もう少し具体的な姿を与えてみよう。その意味で大変参考になるのが、精神病理学の知見である。たとえば内海健はその著『スキゾフレニア論考』で興味深い症例分析を提示している。内省型単純型分裂病[36]と診断された彼の患者Kの時間意識に注目した内海はこういう。

Kの時間体験のあり方を要すると、それは未来へと展開されず、また過去へとその足跡を残さない。未来からはその不明性によって、過去からはその手遅れ性によって疎隔されており、またそれらは時に彼を侵襲する契機となる[37]。

われわれにとっての問題は、この連続性を断たれ、未来や過去に「侵襲」された時間体験に出てくる「今」である。つづけて内海はこう述べる。

それゆえKの体験時間は〈今―点〉へと収斂した様態にあると言うことができよう。それは一面では凝集し静止した時間であるが、単にそれだけとは言えない。〈今―点〉への収斂は凝集であると同時に断ち切れである。それは過去とのつながりを失い、未来への展望を見出せぬままにある。この凝集によって支えを失った点は、自らを投錨する座標を見失い、逆説的にも迷走する危険をつねにはらむことになる。さらに言うならば、広がりを欠いた〈今―点〉は安定した持続的体験を構成しえず、その継起的連なりの中につねに切断の可能性をもたらすものでもある。〈今―点〉の病理とは、単に凝集することだけでなく、そのこと自体によって同時に切断の契機をはらむことにある。ここにおいてわれわれは〈凝集〉と〈切断〉という背反する事態を見出すことになる。それは通常の体験時間の持つ持続性と躍動性、安定性と展開性の統合が解離し、二極分離した様態であるとも言えるだろう(38)。

むろんこれは病理現象の記述分析なのだが、ここに出てくる〈今―点〉の「切断」は、よく考えてみると、必ずしも病理現象に限られるものではないように思える。西田が「非連続の連続」としてとらえる「今」とは、もともとそのベースにこのような「切断」を内包させていると考えられるからである。「健常者」といわれる人々にあって、ふだんその切断がいちいち意識されることなく、意識の底層に埋もれているとするなら、この症例の場合は逆に、その埋もれてあるべき切断が意識の表面に露出してしまった事態といえるのではないか。この推理をもう少し追ってみよう。

われわれはふだん未来に向けて何かをしようとするとき、たいていは既知の事柄、すなわち過去にもとづいておおよその成りゆきを予期・想定し、その想定をもとに未来への一歩を踏み出す。しかもその過去が自明であればあるほど、その想定の意識化は不必要となり、かの今の「切断」は忘却される。ルーティーン・ワークがその良い例である。早い話が、ふだんわれわれは道を歩くとき、自分の一歩一歩を意識することはない。反対に、過去が自明でなくなれば、それだけ一瞬一瞬が敏感に意識されることになる。象徴的には、初めて歩く断崖絶壁の山径での一歩一歩がそれである。問題は、こういう場合の未来への「踏み出し」、あるいはそういってよければ、「決断」である。既成の過去の体験なり知なりに安住できるルーティーン・ワークの場合には、決断はその自覚もないほどスムーズに遂行されるが、切断があらわとなった瞬間では決断は文字通り「決断」となって、その瞬間に大きな圧力がかかる。そこでは過去が切断されると同時に予期されるような未来もまた切断される。だから、ここでは一瞬一瞬が疎遠な未知性との遭遇となるのだ。

　ふりかえってみると、われわれの日常的行為は多かれ少なかれこの連続と切断の両面から成っている。どれほど予測が簡単な場合といえども「万が一」を排除することはできない。また反対にまったく見通しのきかない未知の事態を前にするときでも、われわれは既知(過去)のすべてを動員して、それによって何らかの目途のようなものをたて、それをわずかな頼りにして恐る恐る一歩を踏み出す。ここで、内海がさきの患者Kをも含めた分裂病的時間体験のメルクマールのひとつとしてあげている「いきなり」という概念の重要性が浮かび上がってくる。

事態が進行し、〈いきなり〉という時間性が次第に顕著になれば、ためらい、ぎこちなさ、すくみ、あるいは唐突な行為として気付かれるようになるだろう。そして状況の拘束性が消失してしまえば、行為はあらゆる方向に向けて無制約に発散しかねないものとなる。それは「何をしでかすか分からない」という行為に孕まれる力性の突出であり、主観的には自分の中の衝動性へのおびえとして体験されるだろう。こうした様態が背理と呼びうるのは、行為への拘束が希薄になればなるほど、かえって行為が困難なものとなる点にある。(39)

このパラドックスは、けっして精神病理に固有の現象ではない。潜在的にはそれはむしろわれわれ人間の時間意識の根本構造をあらわしているのであり、この病理現象においてそれが露出してきたと考えることができるからである。かつてニーチェは忘却をこそ健康とみなしたが、われわれの日常生活における連続的で安定した行為とは、一瞬一瞬の現在が潜在的にはらんでいる断絶を忘却によって覆い隠し、その上に架けられた「常識」とか

「自明性」という名の橋の上を歩いていることを意味している（ブランケンブルクの「自然的自明性の喪失」の概念を参照）。ただ人間のなかには、不幸にも、何らかの理由でその渡るべき橋を失い、深淵のような今の断絶性に気付かされてしまう人々も存在しているということだ。だから彼らの一挙手一投足は唯一「命がけの跳躍」によってのみ遂行され、それが自分にとっても、他者にとっても「いきなり」という様相を呈することになるのである。この事態はだから「偶然」への賭けに似ている。さきがわからないままに自分の危険を賭けるという点で両者は同じ時間状態を経験しているからである。ちがいは、前者が「さきがわからないにもかかわらず」であるとすれば、後者が「さきがわからないがゆえに」という気持ちの在り様にある。要するに、そこに生ずる緊張感のなかに苦痛を感ずるか享楽を見いだすかのちがいにほかならない。

九鬼と西田の論議から出てきた問題のもうひとつは、時間と他者ないし時間と空間の不可分離性ということであったが、これに関しても精神病理に興味深い研究がある。それはほかでもない、よく知られた木村敏の「間」の理論である。

分裂病がすぐれた意味において「あいだ」の病態だという理由として、それが単に対人関係の場の病態にはとどまらず、互に相対的他者である私と汝が「あいだ」

において「絶対の他」に触れ、そこで互の主観性・自己性をよりいっそう深い次元で確認しあう、その過程の病態であるということがあげられる。のちにも述べるように、「あいだ」とは自己の外部に拡がっているだけのものではない。「あいだ」は深く自己の自己性の内部にはいりこんでいて、自己自身の内部における内的差異、内面落差のようなものを形づくっている[40]。

この種のテーゼは木村のあらゆる著作を通じて見られるものであるが、注意しておきたいのは、すでにこの引用にも暗示されているように、木村にとって「あいだ」はたんに自分と他者との関係だけを意味するのではなくて、「自己自身の内部における内的差異」をも意味しているということである。この「内的差異」とは、さしあたり「内的時間意識」のレヴェルでのことである。木村の患者はこう告白していた。

> お母さんとのあいだが気づまりなんです。間がもたないっていう感じなんです。中学生のとき、自分を出そうとすると何かがひっこんで出せなかった。自分の自然な感情が出せなくなってすごく苦痛だった。なにか索寞とした感じだった。なめらかな感情が出せないから、自分というものが出せず、自分ではないという感じだった。自分を

出したい出したいと思って出せずにいるうちに、人が自分の中にどんどんはいってくるようになった[41]。

ここには分裂病における「間」と自己の密接な関係がみごとに表現されているが、ここに出てくる「間がもたない」という表現は思いのほか深い。木村は「あいだ」がどちらかというと空間的イメージと結びつきやすいのに対して、「ま」は時間的イメージになじみやすいと、両者の語感の相違を述べているが、私は基本的に「ま」の一語で両者をカバーできると思う。「ま」は音楽のテンポやタイミング一般を意味するだけでなく、たとえば剣道の「間合い」のように、相手との「距離」をも意味しうるし、さらには「部屋」のような明確な「空間」をも意味しうるからである(たとえば「床の間」「板の間」などのように)。そしてこの一節でいわれているような場合には対人関係の機微をさえ言い表しうる。このことから導き出される要点は、この「ま」に表された「時間」、「空間」、「人間関係」は基本的に等根源的な関係をなしているということである。今あげた剣道の間合いの場合でいえば、この「ま」にはたしかに「距離」が表面化しているとはいえ、「タイミング」や「対戦相手」といったファクターを切り離すことなどできない。木村がこの「あいだ」概念から「自己の差異化」というテーゼを導き出してくるとき、そのことがいっそう明らかになろう。つまり、木村の精神病理学理論において時間、空間、人間関係は――そして「自己」もまた――初めから一体のものとして解明されなければならない事象をなしているということである。

　こういう基本前提に立って木村の分裂病の時間規定「アンテ・フェストゥム ante festum」を読みなおしてみよう。アンテ・フェストゥムとは文字通りには「祝祭前」を意味する言葉だが、木村はここに分裂病者特有の未来の「先取り」ないし「先走り」の傾向を読みとった。とはいえこの「先取り」には次のような特徴がある。

> 真の未来志向、将来への投企が過去および現在の全体を基盤にしてはじめて可能となるものであるのとは違って、彼の未来志向は過去と現在を性急に切り離して空虚な自由の中へ先駆するという形で実現を求める。[42]

　明らかに、これは内海が「いきなり」の概念でとらえようとしたことと同じ事態を言い表しているが、こういう木村のアンテ・フェストゥムにおいて「今」の瞬間はどうとらえられるのであろう。それに対するひとつの回答の試みが木村の「タイミング」の解釈である。木村はこのタイミングの失調をくり返し訴えるある症例に依拠しながら、時間という現象を客観化可能な(リアルな)「もの」として理解することと、それがアクチュアルに「タイムする」、その一瞬の微妙な動きを「タイミング」としてとらえる感覚との区別をたてたうえで、こう述べている。

このような時間が動き出す一瞬の刹那、これは普通に言う個人的・主観的な「内的時間意識」でも、その根底に(個人の意識を超える拡がりとして)考えられている「永遠の現在」といった全一的な次元のことでもない。しばしば空間的に表象されるこの全一的な次元には、まだいかなる意味でも時間は流れていない。時間が発生するのはこの次元が個人の意識に触れたその瞬間、しかもそこで発生した時間がまだ「内的時間」として意識の中に展開され終わらないあいだの出来事である。それはいわば、意識の現象であると同時に意識の現象でないような出来事であり、個人を超えると同時に個人に属してもいる出来事である。タイミングとはこの一瞬の機微を捉えて言っている言葉に違いない。(43)

これまで取りあげてきた論者と同様、木村にとっても、過去‐現在‐未来と直線で表象されるような時間は問題とならない。というより、それはあくまで「もの」化された事後的な産物にすぎない。問題はだから、それを刻々と生み出しつづける今の瞬間、すなわち「時間が動き出す一瞬の刹那」である。前章でも触れたように、木村はこれを「発生機の(in statu nascendi)何か」とも呼んでいるが、木村によれば、これは「生命一般の根拠として仮定せざるをえない、それ自体としては不可知な第一の次元が、「その不可知性を突破してわれわれの意識に出現してきた最初の閃きのようなもの(44)」ということになる。そしてこの原基的な二つの次元から初めて、われわれになじみの対象化された時間表象が構成されてくるのである。われわれの時間表象に「流れ」の感覚が伴うのも、あくまでこのメタ・バイオロジカルともいうべき第一、第二の次元に起源をもっていると木村は考えているようである。

こうした木村の論議をわれわれの文脈に置きなおしてみよう。ここでいわれる「発生機」の瞬間とは、そこで死から生への飛躍が生ずる断絶する今のことであり、西田の言葉でいえば、それがまさに「現在が現在自身を限定する」という事態にほかならない。木村が「自己がそこから発生してくる根源的な場所は、生物学的・物質的な生命に視座を据えるならそのまま「死の場所」と名づけてもいい(45)」とまで述べるときの「死」は、だからきわめて意味深長な意味合いをおびているが、われわれはここに西田の「永遠の今」に含まれる死生の断絶を重ねて考えてみることもできる。われわれの文脈では、この断絶に生としての連続面をもたらすのは未知への「飛躍」であったのだが、さきの木村の引用にしたがうならば、この飛躍の起源は「生命一般の根拠」ないしそれとの界面にある「発生機」にあるということになる。それはまさにあのベルクソンの「エラン・ヴィタール」を想わせる。

分裂病や離人症における「ま」や「タイミング」の失調とは、だからこの飛躍を伴った「発生機」におけるそのつどの「限定」がうまく働かないということである。そしてこの生命一般の根拠にもとづく発生機、すなわち木村の別の用語でいえば「アクチュアリティ」が失われると、ただ「もの」化された「リアリティ」のみが意識を支配するようになる。それは言いかえると、生き生きとした時間がもたらす必然性の感覚が失われて、いつでも取り消し可能な偶然性が支配的になることでもある、と木村はいう。ここに木村独特の「偶然性の精神病理」があるのだが、このメタ・バイオロジカルなテーゼをわれわれのこれまでの時間意識論の文脈に翻訳しなおしてみるならば、それは飛躍が確かな飛躍とならず、すべてをただ偶然にゆだねる以外ないような、それゆえ不安を伴った賭け事の様相を呈してしまうということである。そしてアンテ・フェストゥムの特徴とされる「あせり」、「先走り」、「フライング」、「兆候への敏感さ」といった現象とは、過去との断絶によって生じた飛躍の不確かさを少しでも埋めようとする空しいあがきのようなものを意味しているということになるのかもしれない。言いかえれば、彼らは偶然にゆだねる以外になくなってしまった、いわば強いられた「賭け」状態にありながら、それでもなお予測可能な飛躍を求めるというパラドックスを病んでいるのだ。それは「遊ぶ」ことが不可能となってしまった人間の悲劇であるともいえよう。

（1）パスカル『パンセ』一三九、九七―九八頁。

（2）九鬼『偶然性の問題』九頁。

（3）同頁。

（4）この kategorisch-hypothetisch-disjunktiv の三概念のセットの出自に関しては、これまでカントの『純粋理性批判』が典拠としてあげられてきたが、ヘーゲル論理学の概念論などにこのまの形で出てくることから(Hegel: *Enzyklopädie der philosophischen Wissenschaften*, I, 3 A. b 参照)、九鬼の三概念もヘーゲルを直接の出自としていると考えるのが妥当ではないかと筆者は考えてきた(ちなみに、これに先立つ九鬼の博士論文「偶然性」では「論理的偶然」、「経験的偶然」、「形而上的偶然」の用語がつかわれている)。しかし、こういう疑問に対して、森一郎は近著『死と誕生』のなかで、この出自をハイデッガーのアリストテレス解釈に見て、これらの概念とアリストテレスとの綿密な突合せをおこなっている(同書三九頁以下参照)。ついでに触れておけば、森のこの著作は本書とは微妙に観点がずれているが、ハイデッガー、アーレント、九鬼を縦横に論じた好著である。

(5) 九鬼、前掲書、一四四頁。

(6) 同書、一四六—一四七頁。

(7) 同書、二三九頁。

(8) これについては九鬼自身も『偶然性の問題』第三章第一二節「偶然と運命」で触れているが、最近この問題を改めてクローズアップしようとするものとして、入不二基義の近著『時間と絶対と相対と』の最終章「形而上学的な運命論」における興味深い論議がある。

(9) 九鬼、前掲書、二三九頁。

(10) 同書、二四〇頁。

(11) この具体性を孕んだ弁証法という考えに関しては、西田の「弁証法的一般者」や「具体的一般者」といった概念を参照されたい。

(12) 九鬼、前掲書、二〇九頁。

(13) 同書、二一〇頁。

(14) 同書、二一一頁。

(15) 同書、二一二頁。

(16) この点に関してはとくに九鬼の論文「形而上学的時間」やフランスでの講演などが対象となるが、この点を問題にした論考としては、小浜善信『九鬼周造の哲学』第四章「永遠と時間」、田中久文『九鬼周造』第三章「永遠を求めて」が参考になる。また、とくにポンティニー講演の意義を強調しながらこの問題を扱ったものとしては、坂部恵『不在の歌』「III　わくら葉に」がある。

(17)　ポンティニー講演に触れてではあるが、坂部も同様の印象を述べているし(前掲書、一二一頁)、近著でいえば、檜垣立哉もこの点に関して九鬼、西田の考えとドゥルーズの考えが「驚くべき仕方で重なっている」と述べている(『賭博／偶然の哲学』九九頁)。

(18)　ラテン語の accidens は「合わさる」ことを原義にもつギリシア語の *συμβαίνω* に遡るが、哲学史においては、この語はアリストテレス以来、実体とはちがって非本質的で、必然的でないものの意味で使われている(Analyt. post. I 21, p. 83 a, 24ff.: Met. 4. 30, p. 1025 a14 参照)。この伝統的解釈はカントをはじめとする近代以降の哲学者たちにも踏襲され、ドイツ語の Akzidenz は実体に対する「属性」の意味で使われているが、こうした伝統的な見方が偶然のもっている時間的性格を覆い隠してきたように思われる。

(19)　九鬼、前掲書、二五六頁。

(20)　宗教哲学者のクラウス・ハインリッヒは一見自明に見える「同一性」がいかに「非存在」によって脅かされたものであるかをさまざまな角度からじつに緻密に論じているが、この論議は私のここでの同一性批判に少なからぬ影響を与えている(ハインリッヒ『ノーを言う難しさ』、とくにその第二章「ノーを言う難しさ、あるいは喪失に脅かされる自己同一性」参照)。

(21)　九鬼、前掲書、二一二頁。

(22)　西田「私と汝」、『無の自覚的限定』二六七頁。

(23) 同書、二七一頁。

(24) ちなみに、生涯を通じて「偶然」という概念についてはほとんど言及しなかった西田だが、論文「自覚について」(一九四三年)には次のような言葉もある。「何等かの意味に於て直線的に、後のものが前のものに制約せられると云ふかぎり、真の創造と云ふことはない。無から有へとして、最始の創造と云ふものが考へられるであらう。併しさういふ創造は、偶然的と云ふの外なく、実はそこに働きと云ふものすら考へられない。真の創造作用に於ては、直線の各々の点が始でなければならない」(『哲学論文集 第五』四八七―四八八頁)。また、「弁証法的一般者としての世界」(一九三四年)における次のような記述も九鬼の「原始偶然」を連想させて興味深いかもしれない。「弁証法的否定は絶対でなければならない。それには、一面に偶然的といふ意味がなければならない、運命的意義がなければならない。我々が生れるといふことが既に宇宙的衝動によって生れると考へることができる」(『哲学の根本問題 続編』二九一―二九二頁)。

(25) 檜垣、前掲書、六九頁。

(26) 西田「私と汝」、『無の自覚的限定』二八八頁。

(27) 同書、二九三頁。

(28) 同書、二八七頁。

(29) 従来、他者認識論においては「類推 Analogie」や「感情移入 Einfühlung」といった概念をもとに説明する傾向が支配的だったが、これらのアプローチはいずれも構成主体の側にある「既知」を前提にしている。この前提に立つかぎり、他者はどうしても二次的構成物となって、そこから他者の他者性が抜け落ちてしまう。これはこうしたアプローチに挑戦を試みたフッサールの場合をも含めた独我論的アプローチの最大の問題点である(Husserl: *Cartesianische Meditationen* 参照)。

(30)　西田、前掲書、二九五頁。

(31)　同書、二九七―二九八頁。

(32)　九鬼の「驚き」概念については、『人間と実存』(一九三九年)に収められた論文「驚きの情と偶然性」(同年発表)を参照。筆者のこの問題への言及として、本書第一章と第四章のほかに、たとえば『西田幾多郎――他性の文体』補遺を参照。また、こうした考えを発展させるに当たって、筆者は斎藤慶典の一連のレヴィナス解釈(『思考の臨界』第三章「時間と他者」、『心という場所』第五章「現象と表現」など)と多くの点で見解を共有してきたので、読者に併読を乞う。

(33)　ついでに九鬼におけるこの物理学ショックについても触れておくならば、『偶然性の問題』には、「[…]最近に於て原子内部に於ける電子の量子理論が発展して来た結果に依れば、かやうな電子の状態(電子の波動函数)を決定する法則は同様に必然的に与へられるものではなくて、或る偶然的確度をもつてしかあらはされ得ないことが明らかにされた。之は実に驚くべき新事実でなければならない」(一〇八頁)とあって、やはりハイゼンベルクの不確定性原理への注目が明らかである。西田や九鬼にこのような物理学の先端知識を媒介したという意味でも物理学者石原純の存在はもっと評価されてよい。

(34)　西田「知識の客観性について」、『哲学論文集 第五』三七五頁。

(35) この点に関して、最近の研究のなかでは、植村恒一郎『時間の本性』が重要な問題を提起している。植村は時間経験(意識)にとって「身体の運動がその上で行われる場所」としての持続する「大地」が決定的な意味をもつことを指摘し、さらに「同時性」のなかに「もっとも原初的な「時間の空間化」」を見ている。とくに同書、第五章「「過去」と「未来」」の論議を参照。
(36) なお、精神医学概念「分裂病」はこのところ「統合失調症」への表記換えが進んでいるが、ここでは旧来の文献との統一を図るため、あえて「分裂病」という表記を使う。
(37) 内海『スキゾフレニア論考』四一頁。
(38) 同書、四一―四二頁。
(39) 同書、九二頁。
(40) 木村『自己・あいだ・時間』二七六―二七七頁。
(41) 同書、二七八頁。
(42) 同書、二〇一頁。
(43) 木村『偶然性の精神病理』一一二頁。
(44) 同書、一一七頁。
(45) 同書、一一四頁。

第六章　現　在 ——カイロスの系譜

はじめに

西田の哲学的言説の世界では、一度中心となるテーゼが立てられると、それが何度となくくり返されたり、その表現がわずかにずらされたりするだけで、なかなか別の概念によるパラフレーズに進んでいかない。ときにはそれは哲学的命題というより、まるで呪文か何かであるかのように響くことさえある。われわれが追ってきた「永遠の今の自己限定」のテーゼもその例にもれず、それを論じた西田自身の論文のなかで、読者はもどかしい思いをしながら何度同じ表現に出会わなければならないことだろう。そのさらなる意味合いや理由づけを求めて読み進めても、われわれはおうおうにして「永遠の今の自己限定」、「絶対無の自己限定」、「現在が現在自身を限定する」、「場所が場所自身を限定する」等々といったくり返しに近い西田用語のジャングルのなかで途方に暮れてしまうのである。だが、明らかに常軌を逸したこの執拗さのなかには何かがある。それがなかなか言葉にならないのだ。西田自身にとっても、またそれを理解しようとする読者にとっても。

こうした西田の常軌を逸した言説につきあいながら長々と論じてきた錯綜する事柄の整理を兼ねて、ここでもう一度そこから帰結された要点を手短に確認しておくことにしよう。それは各章、各節の題にも反映されているように、「他性としての未来に不意打ちされる現在」、「断絶する今」、「偶然を孕む瞬間」といった点にまとめられるが、さらに不充分ながら、この「今」ないし「現在」と西田哲学の別の重要概念「場所」との関連づけも試みられた。しかし、これらの悪戦苦闘の試みをもってしても、私には依然として「永遠の今の自己限定」というテーゼをまだまだ充分に解明できていないという思いの方が強い。その割りきれない事柄のひとつをあげれば、そもそも西田の断定口調とは裏腹に、肝心の「永遠の今」という概念自体が初手から明確ではないということがある。

われわれは普通「永遠」という概念に対して、文字どおり「永く」て「遠い」というように、無限の長さをもった時間をイメージしている。これに対して「今」はその逆に、多少の幅があったとしても、むしろ長さのない一種の点のようなイメージでとらえているように思われる。だとしたら、相反するイメージどうしを結びつけた「永遠の今」という表現は、それ自体が矛盾に聞こえる。それともこれは西田にとっては矛盾でもなんでもなかったのだろうか。そういう素朴な疑問に対して、これまでの西田研究者たちは充分に答えてこなかったという印象が私にはある。まさにそれこそが「絶対矛盾的自己同一」にほかならない、などといった「説明」は、じつはジャーゴンのずらしであって、なんら「説明」になっていないこと、そういう不満をもった読者も少なくないだろう。

「説明」とは、あくまでパラフレーズである。当のフレーズを別の言葉や表現で解き開いてみせる行為である。だからたんなる別のジャーゴンへの置き換えは「説明」とはいえない。西田ワールドのなかに安住していられる人たちには、そうしたジャーゴンどうしの整合関係が確認されれば、それでよいのかもしれない。だが、西田という日本が生み出した稀有の哲学者の考えを少しでも「外部」に向けて開放しようと思うなら、それを別の表現、別のコンテクストのなかにおいてパラフレーズするという努力が惜しまれてはならないだろう。たとえ西田本人が、そういう姿勢をあえて「対象論理」として避けていたとしても、いったん「説明」が問題になったときには、われわれはただ本人の言葉をくりかえしているわけにはいかない。そうでなければ、哲学などという営為は結局「沈黙」という巨大な闇に飲みこまれるのを待つよりほかにない(第二章参照)。

一　凝縮される時間

さきにも述べたように、総じて西田の言説は自己完結的で閉鎖的と形容することができるが、その閉鎖的な言説システムにもいくつかの外部に向けて開かれた破れ目ないし開口部のようなものがある。よく探せば、「永遠の今の自己限定」に関してもこの破れ目はあちこちにあるのだが、その重要なひとつと思われるのが、このテーゼの出発点となった著作『無の自覚的限定』に収められた論文「永遠の今の自己限定」の冒頭である。

聖パウロスの「時が完了せられた時、神が彼の息子を送つた」といふ語に対し、アウグスチヌスが時の完了とは何を意味するかと問はれた時、時が無くなることであると説明した。かゝる誕生には時といふ如きものはなくならなければならないのである。併しマイステル・エックハルトの云ふには、時の完了といふのは尚一つの意味がある。時及び幾千年かの間、時に於て起つた又起るであらうものを、現在の一瞬に引寄せることができれば、それが時の完了といふものである。それが永遠の今といふものであつて、そこに於て私が今物を見、音を聞く如く、新に鮮かに万物を神に於て知ると云ふことができるのである(Meister Eckhart, Von der Vollendung der Zeit)(1)。

この冒頭の書き出しは、なかばモノローグ調に書きつける傾向のある西田には非常に珍しく、この参照されているエックハルトの出典(説教三八)から、ある箇所を一部省略しながらほぼそのまま訳したものである。それだけ自分の意に合った記述だったと言うことができるだろう。ちなみに、西田が「時の完了」と訳した言葉に当たるオリジナルの中世ドイツ語は「die vullede der zît」、また「永遠の今」に当たるのは「daz nû der êwicheit」である(2)。見られるように、西田の注目を引いたのは、エックハルトが聖書の一節に出てくる「時の完了」と「永遠の今」ないし「現在の一瞬」とを結びつけたことである。ここでは明らかに、「今 Nu」はたんなる時間軸上の一点ではない。そうではなくて、無限の過去と未来を一手に収斂させている特異な存在である。だから、時が今において完了するとは、たんなる時間の終了ということではなく、その今という瞬間が過去と未来のすべてを「引寄せる」こと、言いかえれば、それらを凝縮して自らの内に包みこんでしまうことを意味する。この観点に西田の関心が向いたこと、ここに言説の開放に向けてのひとつの突破口がある。

この「今」の特別な地位に早くから気づいていたのが、この引用にも名前の出てくるアウグスティヌスであった。これまで何度も引き合いに出してきたが、くり返しをいとわず『告白』第一一巻第二〇章の有名な記述をあらためて引用しておこう。

だが、いまや明らかではっきりしていることは、未来も過去も「ある」のではないということであり、過去、現在、未来という三つの時が「ある」とは言えないということである。厳密にはむしろ、過去についての現在 praesens de praeteritis、現在についての現在 praesens de praesentibus、未来についての現在 praesens de futuris の三つの時が「ある」と言うべきである。(3)

この三つの時制を貫く「現在 praesens」が過去、未来と並ぶ「現在」と異なっているのは明らかだろう。問題はだからその二つの「現在」のちがいということになる。もとのラテン語でも両者は「praesens」と、同じ語がつかわれているので、ここでは便宜上いったん他の時制表現と併記される「現在」を「現在A」、すべてに共通する「現在」の方を「現在B」としておこう。「現在A」は、未来および過去と併記されることから、われわれにもイメージしやすい時間系列の上の現在である。これに対して、「現在B」はそれらすべてに通底する現在、あるいはそれらを包む現在であるといわれる。あるいはこちらの方は「現在すること」とでも訳した方がよいのかもしれないが、いずれにせよ、これはわれわれの一般的な時間表象にとっては異質なもので、そのまますんなりと受け入れられる概念とは思えない。

この引用につづく文をみると、アウグスティヌスは「現在A」を含む三つの時は「魂anima」のなかにあると言っているので、三つの時を包むはずの「現在B」と「魂」が密接な関係にあることは明らかである。ここから「praesens」のもともとの意味も手伝って「現在B」を「魂への現れ」とする理解が出てくる。はるか後にこうした理解にもとづいて独自の時間論を展開したのが、フッサールの『内的時間意識の現象学』であった。そしてフッサールによって「現れ」の場所たる「魂」は「意識」ないし「主観性」ととらえかえされ、それが今日まで時間論のひとつの系譜をなしているのはよく知られている。その主要なメルクマールをあえて端的に表現しておくならば、過去、現在、未来という時間は意識ないし主観によって志向的に構成されるという発想である。

だが、さきに見たアウグスティヌスの引用には、そうした今日よく論議される、いわば近代的な認識パラダイムとは別の道も示されていた。それがさきに西田が引用していたエックハルトの系譜である（筆者はこの系譜に属する者として「今」や「瞬間」に特別の意味を与えようとしたシュライエルマッハー、キルケゴールを考えているが、その痕跡はさらにニーチェ、バタイユ、ベンヤミン、ハイデッガー、レヴィナスなど広範に見られる)。エックハルトによれば、無限の過去と未来は「現在の一瞬」すなわち「今Nu」のなかに「引寄せられ」、そしてそれとともに「時が完了する」のであった。ここには主観による時間の構成という近代的発想によるモチーフは入りこみにくい。なぜなら、そこでは過去や未来は構成されるどころか、ある意味では逆に、当の構成する主観ともども、その今へと解消されてしまうからだ。フッサールにとって構成主観は消えない。それは「超越論的主観性」として現象学的還元の帰着する原点とならねばならないからである。だが、こちらでの「今」はまるでウロボロスのように自らの主観さえも飲みこんでしまう。『善の研究』以来一貫して「純粋経験」を追ってきた西田にとっても、この「今」はそういう「時の完了」が起こる「自他未生」の「場所」であったはずである。その『善の研究』はすでにアウグスティヌスについて、こう述べていた。

神には過去も未来もない、時間、空間は宇宙的意識統一に由りて生ずるのである、神に於ては凡てが現在である。アウグスチヌスのいつた様に、時は神に由りて造られ神は時を超越するが故に神は永久の今に於てある。この故に神には反省なく、記憶なく、希望なく、従つて特別なる自己の意識はない。凡てが自己であつて自己の外に物なき

が故に自己の意識はないのである。(4)

ここでは「永久の今」となっていて、表記はやや異なっているものの、おそらく西田における「永遠の今」の初出箇所でもある。次の問題はだから、こうした近代的な構成主観とは異質な「永遠の今」のなかに認められる「完了 Vollendung」という概念の解釈ということになる。

前の西田・エックハルトからの引用をもう一度読みなおしてみよう。論議の発端は「聖パウロスの「時が完了せられた時、神が彼の息子を送つた」といふ語」であった。このパウロの言葉とされているのは、内容から推して、おそらく『ガラテヤ人への手紙』第四章四の「しかし、時が満ちると、神は、その御子を女から、しかも律法の下に生まれた者としてお遣わしになりました」(新共同訳)を指すと考えられる。エックハルトが「Vollendung der Zeit」とし、さらに西田が「時の完了」と翻訳した言葉は、この聖書の言葉では「時が満ちる」に当たるのだが、そもそもここでいわれる「時が満ちる」とはどういうことを意味しているのだろうか。われわれの論議は、もう一度ここから始めなおされなければならない。じつは、これに関して最近興味深い解釈が提出されているからである。それはほかならぬジョルジョ・アガンベンの『残りの時』という著作である。

この著作は、ベンヤミンの「歴史哲学テーゼ」に出てくる「今の時 Jetztzeit」に着目したアガンベンが、その起源をパウロ書簡のなかに見いだそうという意図から、パウロの『ローマ人への手紙』の冒頭の主要概念に綿密な解釈をほどこしたものであり、その動機からも推察されるように、アガンベン自身にとっても「今」という概念のもつ意味は大きい。そうした文脈のなかで彼もまた「時の完了」ないし「時が満ちる」という事態に特別の関心を寄せている。

ただし、ここですぐさま重要なことわりを入れておかなければならない。さきにも述べたように、この概念に関して西田・エックハルトの対象となったのは『ガラテヤ人への手紙』第四章四であったと推測されるのに対し、アガンベンが参照するのは『エフェソ人への手紙』第一章一〇の「こうして、時が満ちるに及んで、救いの業が完成され、あらゆるものが、頭であるキリストのもとに一つにまとめられます。天にあるものも地にあるものもキリストのもとに一つにまとめられるのです」(新共同訳)という箇所なのである。日本語訳を見るかぎり、問題の表現はいずれも「時が満ちる」となっており、変わりがないように見えるのだが、じつはギリシア語原典では、ここに無視することのできない重要な違いがある。「満ちる」に該当する言葉としては同じ「プレーローマ *πλήρωμα*」がつかわれているものの、「時」と訳されている言葉の方は、『ガラテヤ人への手紙』では「クロノス

χρόνος」、『エフェソ人への手紙』では「カイロス καιρός」とつかい分けられているからである。この二つの概念の相違については次節でくわしく検討することになるが、さしあたりベンヤミンの「メシア的時間」を追究するアガンベンが「カイロス」をつかった『エフェソ人への手紙』の方に目を向けた理由がここにある。ついでに補足しておくと、今日の聖書学ではこの『エフェソ人への手紙』はパウロの直筆とはみなされていない。また翻訳上にも問題があって、「時が満ちるに及んで」という部分にはギリシア語では「εἰς οἰκονομίαν」という言葉が入っており、独訳などでもこの言葉の解釈にはさまざまなヴァリエーションがある。日本語の新共同訳は「に及んで」と、この翻訳上の困難を避けて通っている。ちなみに新しく出た岩波書店版では「時の充満〔の実現〕を取り計らうこととした。〔その奥義とは〕万物をキリストにおいて、天上のものも地上のものもキリストにおいて一つにまとめる、というものである」となっており、原典に忠実に訳そうとしていることがわかるが、その分だけ逆に文意が取りにくくなっている。

　そこで問題の「時が満ちる(時の充満・時の完了)」という表現に目を向けてみよう。これについてアガンベンはこう書いている。

　ここで、パウロはなにを言おうとしているのか。メシア的時間は、そこでは時間の成就〔…〕に向かうものであるかぎりにおいて、天にあるものも地にあるものも含めて、すべてのもの、すなわち、創造からメシア的な「今」にいたるまでに起こったすべてのものの、要するに過去の総体の総括帰一、一種の要約的短縮をおこなうということである。すなわち、メシア的時間とは、過去の要約的な〔…〕総括なのである。(5)

ここに出てくる「総括帰一」とは、新共同訳でいえば、「一つにまとめられる」という表現を受けた言葉で、ギリシア語では「*ἀνακεφαλαιώσασθαι*」、イタリア語では「ricapitolazione」という言葉に当たり、もともとは、それまでの内容の要旨をまとめて再述することを意味する言葉だが、ここではアガンベンの論旨の方に集中し、引用をつづけよう。

この過去の総括帰一は、神が「すべてにおいてすべてとなるだろう」終末論的なプレーローマ〔充満充溢〕を先取りするプレーローマを、カイロスの充満充溢と成就を産み出す(したがって、メシア的カイロスは文字どおりクロノスに、ただし、要約されたクロノス、短縮されたクロノスに満ちあふれている)。それゆえ、メシア的プレーローマは終末論的プレーローマの短縮であり先取りである。(6)

最初にもどって、西田がエックハルトを通して触れた「今」における「時の完了」とは、この「終末論的なプレーローマを短縮し先取りする」、「カイロスの充満充溢と成就」のことである。言いかえれば、すべての時間表象を凝縮して取りこみ、逆にそれらを原基から支えているのが、ほかならぬ「今」のなかに含意されている「カイロスの充満」ないし「時が満ちる」ということの意味なのである。

同様の事態を「凝縮」される時間の側に即してなかば仮説的に説明しようと試みたのが、やはりアガンベンの解釈に刺激を受けたという聖書学者・大貫隆のいう「パウロの時間論」である。大貫はパウロの時間構造は過去↓現在↓未来という単線的・単層的なかたちではなくて、未来↓過去↓現在↓未来の「複線的・重層的」構造をなしているとしたうえで、このなかの「未来↓過去」と「過去↓現在↓未来」のそれぞれ逆向きのベクトルが出会うところを「今」ととらえ、次のように述べている。

「今この時(時機)」は、二つのベクトルが「一緒に置かれた」時、その意味で「凝縮された時」なのである。パウロの「今」は、図式的に言えば、二つのベクトルのどちらでもあると同時に、どちらでもない。パウロは「今」に含まれている時間の「質」を問題にしているのであって、時間の「量」を問題にしているのではない。(7)

大貫が「今この時」といっているのは「カイロス」、厳密には「ホ・ニュン・カイロス ὁ νῦν καιρός」のことだが、この観方が面白いのは、西田もまた「永遠の今の自己限定」というテーゼを最初に提起した論文「私の絶対無の自覚的限定といふもの」のなかで、次のような奇妙な言い方をしているからである。

> 我々の世界は過去から未来に向つて流れ去るのではない、過去も現在に向つて流れ、未来も現在に向つて流れるのである、我々の世界は現在より出でて現在に還るのである。(8)

むろん西田では大貫のいうような「未来→過去」のベクトルが設定されているわけではない。また、この一文にある「流れ」という言葉は、あくまで現在の求心性を強調するための比喩表現であって、ここでは「方向」は厳密な意味では問題にならないという解釈の余地もないわけではない。しかし西田の後の「絶対矛盾的自己同一」のような考えを一貫させて考えるとき、ここに過去と未来のみならず、互いに相反する方向の流れもまた一瞬の「現在」のなかに凝縮され共存するという解釈がまったく不可能だというわけではない。

大貫の(仮)説が面白いというのは、そういう意味である。

アガンベンにもどろう。彼の提出した解釈でもうひとつの重要な点は、こうした凝縮を特徴とする「カイロスの充満」を、さらにメシア的時間を考えるときに不可欠な「臨在 *παρουσία*」という概念に直結させていることである。「*παρουσία*」とは語源的には「*παρα-ουσία*」のことで、文字どおりには「傍らに居合わせること」を意味する。哲学などでもときどき問題にされることがあるが、これはおもにキリスト教文典においてキリストの「再臨」を表す言葉であり、「黙示」、「啓示」としての「アポカリプス」とも親和的な概念であることは知られていよう。このことから何がいえるか。それは「今」において現れ、「臨在」する「カイロス」は、すでに述べたように、われわれの通常の時間表象(クロノス)としての過去・現在・未来とは異質な「時」であるということだ。あえて強調した言い方をしておけば、それは「時間」ではなくて、あくまで「時《とき》」なのであり、「時間」のなかに「黙示」され、それらの「傍らに居合わせる」ような「時」なのだ(アガンベンはこうしたカイロスの時を言語学者ギュスターヴ・ギヨームの「操作時間」と結びつけたりもするのだが、そのことはここでは問わないでおこう)。アガンベンはこういう。

> パルーシアは、ギリシア語では、単純に臨在〔…〕を意味する。それは、なにものかに

付け加わって、それを完全なものにするような補完をも、けっして完了に到達することがないまま、さらに付加されていくような補足をも指示しない。パウロがその語を用いるのは、メシア的出来事の内奥に秘されている二分合一的な構造、それがカイロスとクロノス、操作時間と表象された時間という、連接してはいるものの加算することのできない二つの異質な時間からなることを描き出すためである。メシア的臨在（パルーシア）は、自分自身の傍らに存在している。というのも、それはけっしてクロノロジカルな瞬間と一致することはなく、またそれになにかを追加することもないまま、それを内側から把捉して完遂にもたらすからである(9)。

こういう「カイロスの充満」する「臨在」の理解をもとにして、もう一度あのアウグスティヌスのA、B二つの「現在」にもどり、そこからさらに西田の「永遠の今」にまでたちもどってみれば、こういうことがいえるだろう。まず、アウグスティヌスのすべての時間表象に通底する「現在B」とは、このカイロスが立ち現れ praesens、それがそれぞれの時間表象の「傍らに居合わせる」ことを含意しているということである。アウグスティヌスはこの立ち現れとしての「現在」がわれわれの「魂 anima」を通して可能になるといったのだが、その「魂」は、厳密には、後の対象の構成を可能にする「意識」や「主観」

とは区別されなければならない。それはむしろ、カイロスがクロノスの時間を突き破って現出してくる瞬間である。だから、同様なことが西田あるいはエックハルトの「永遠の今」に関してもいうことができる。この「今 Nu」は、もっともルーズな意味では、たしかにわれわれの「魂」においてあるものにはちがいないが、厳密にいうなら、われわれの「魂」さえも、ほとんど無へと凝縮してしまうような「場所」としての瞬間を言い表しているとの考えるべきである。フッサールの表現を借りていえば、現象学的還元をして最後に残る超越論的主観性をさらに還元してしまうような次元が問題だといっておいてもよい。したがって、そういう意味合いを込めてつかわれる「無」とは、たんなる空虚のことではなく、それどころか反対に、徹底した充実を意味する。「カイロスの充満充溢(プレーローマ)」はそこから出てくるのである。だから、論文「私の絶対無の自覚的限定といふもの」において、西田もその冒頭から「私の絶対無といふのは単に何物もないといふ意味ではない」[10]という、ありうる誤解に警告を与えておいたうえで、次のようにいうことができたのである。

絶対無の自覚として今が今自身を限定する瞬間的今の内容といふものは、事実そのものといふ如きものでなければならない。[11]

西田の「永遠の今」という考えが、「無」と表現されながら、じつは「充実」を意味し、さらにそうした発想がキリスト教ひいてはメシア論とも親和的であることが、これでいくらかでも明らかになったと思うが、こう述べたからといって、むろん筆者は一方的に西田をキリスト教の発想圏域に収めてしまおうなどと考えているわけではない。こうした今の凝縮という考えは、もうひとつの西田哲学に親和的な思想、禅の特徴でもあったからである。たとえば道元の『正法眼蔵』の解読に即して井筒俊彦はこういっている。

「尽時」。刻々の時が、刻々に全時を尽す(「十世隔法異成」)。時時無礙的に重々無尽の多層構造をうちに秘めた「現在」(「而今」)が、一瞬一瞬の有無転換を刻みながら遷流して、その度ごとに時の全体を包んで「永遠の今」(nunc aeternum)である。(12)

だが、さきの論文のなかで自ら「永遠の今 nunc aeternum など云へば、すぐ神秘的と考へられるかも知らぬが、神秘学者はそれによつて「永遠なるもの」即ち神を考へた。併し私の永遠の今の限定といふのは唯、現在が現在自身を限定することを意味するのである」(13)と述べているように、西田自身はそういう宗教的発想との親和性を認めながらも、あくまでそれと一線を画しながら自分独自の「哲学」的言説を開拓しようとしていたことを忘れてはならない。

二　カイロスとロゴスの間

前節で、「永遠の今」に直結する重要な概念への立ち入った説明を宿題にしておいた。すなわちクロノスの壁を突き破り、「充満／充実」をもたらすという「カイロス」の概念である。じつは、この概念に関しても、われわれは西田のテクストのなかに非常に示唆的で興味深い開口部を見つけだすことができる。それは西田の遺稿として知られる「場所的論理と宗教的世界観」である。このなかで西田はこう書いている。

右の如く我々の自己が矛盾的自己同一的に自己自身の根源に帰し、即ち絶対者に帰し、絶対現在の自己限定として、即今即絶対現在的に、何処までも平常的、合理的と云ふことは、一面に我々の自己が何処までも歴史的個として、終末論的と云ふことでなければならない。即今即絶対現在と云ふことが、我々の自己が時間的・空間的世界の因果を越えて自由と云ふことであり、思惟と云ふこともそこからであるのである。我々の自己の抽象的思惟も、実は此に基礎附けられるのである。而してそれは逆に我々の自己が絶対現在の瞬間的自己限定的に、いつも逆対応的に、絶対者に対して居ると云ふことでなければならない。ティリッヒの小論文に於ての、カイロスとロゴスとの関係の如きも、此から考へられねばならない(P. Tillich, Kairos und Logos)。学問も道徳も此に基礎附けられるのである。(14)

この引用からもわかるように、西田のカイロス概念への関心は自らの哲学の中心的概念をなす「絶対現在」、「即今即絶対現在」といった概念、すなわち「永遠の今」との連想から直接出てきている。この引用にはさらに、われわれが前節で扱った論議にもつながるような「終末論的」という概念さえも顔を出している。さしあたりここで西田がいおうとしているのは、パウル・ティリッヒの唱えるカイロスとロゴスの関係を、自分のいう「絶対現在」と「抽象的思惟」との関係に置きなおして理解できるということなのだが、一方で「ティリッヒの「カイロスとロゴス」も、私の認識論に通ずるものがあるが、その論理が明でない」(15)とあって、それ以上は説明されていないので、ここでは当のティリッヒの論文の内容を補いながら、この点をもう少し明らかにしてみよう。この論文は一九二六年に出版された『カイロス』に収められたもので、その骨子はほぼ次のようなものであった。

ティリッヒによれば、ルネサンス以降のヨーロッパ思想史には、デカルト、カント、スピノザ、ベーコン、ヒュームといった「主流」に対し、ヤーコプ・ベーメ以来のもうひとつ別の流れがあったという。ティリッヒはこの流れにロマンティク、後期シェリング、ショーペンハウアー、ニーチェ、生の哲学などを数え入れ、主流が方法論的・合理的性格を特徴としていたとするなら、こちらの傍流は神秘的・直観的な性格が強く、そこに通底する思想内容のメルクマールは「形相《フォルム》創出のプロセスの直観」にあるという。これは筆者が前節で「エックハルトの系譜」と呼んだものとほぼ重なるが、われわれにとって問題の「カイロス」という概念は、まずこの主流に対比された「傍流」の特徴規定において出てくる。

〔…〕この動的な創造の思考 Schöpfungsdenken においては、時間がなにより決定的となるが、その時間とは、空虚な時間、純粋な経過、あるいはたんなる持続といったものではなくて、質的に満たされた時間、創造と運命であるような瞬間のことである。われわれはこの満たされた瞬間、運命および決断としてわれわれに向かってくるこの時機 Zeitmoment をカイロスと呼ぶ。〔…〕われわれはこのわれわれの思想史的考察の傍流にとって決定的なカイロスの思考を、方法論的主流に帰せられる無時間的ロゴス

の思考に対置させるのである。(16)

見られるように、ここでもカイロスは「充実の瞬間」としてとらえられていることがわかる。ティリッヒはさらにこのカイロスを認識と存在の両面から説明する。ティリッヒにとって、認識とは静止し固定した視点からなされるものではない。それは、ちょうど西田の「行為的直観」がそうであるように、つねに動的でなければならない。見る側も見られる側もつねに動態のなかに置かれている。そしてそれはキリスト者にとっても同じだと、このラディカルな神学者は主張するのである。だから、神学にとって自明とされる絶対的・超越的認識も、ティリッヒにとっては真の認識とはなりえない。あくまでも動的な現実に内在しながら、そのつどの瞬間において「決断することEntscheidung」、それがティリッヒにとっての「認識」の基本イメージだからである。そしてこうしたそのつどの瞬間においてなされる個別的決断のなかにのみ「無制約者/絶対者das Unbedingte」に対する決断も表現されるのだという。(17) 言いかえれば、絶対的認識はむしろ徹底した相対を通して表現されるということである。ロゴス的判断がこれにもとづいていることは、いうまでもない。

ところで、個々の決断を通して表現されるという、その無制約者に対する決断はいわゆる「判断力」とは無縁である。それは知的決断でも倫理的決断でもない。それはむしろ「自由であると同時に運命でもあるような立場／態度 Stellung」であり、そこから「認識と同様に行為もまた湧き出てくるような立場／態度」のことにほかならない(18)。これがティリッヒによって「認識の第三の要素 das dritte Element des Erkennens」と呼ばれるものであり、このなかに認識はその「決断的性格、真の歴史性、運命とカイロスのなかに立つこと(19)」といったものを宿しているのである。

認識の動的性格に対応するように、存在もまた初めから動的性格を与えられている。つまり存在という概念は、多分にヘーゲルとマルクスを念頭に置きながら、初めから「現実Wirklichkeit」という概念に置き換えられている。それは語の厳密な意味での弁証法的な運動のなかにある「歴史」である。とはいえ、この弁証法はヘーゲルのそれと異なって、次のようなイメージのもとに描かれる。

そしてとりわけ、弁証法は直線的で閉じられたものとして考えられてはならない。それ自身において無限な理念 Idee は、それがリアルな矛盾に入りこみ、もっぱら自らの深奥から、予期せぬもの、秩序づけられないもの、新奇なものを措定することによって、それ自らの無尽蔵さ、そのあらゆる実存に対する脅威を証明するのである(20)。

このように、動的な現実のなかでおこなわれる動的認識はつねに未知性に直面しながら、矛盾ないし両義性のなかにありつづける。だが、神という絶対者を自明視する神学者として、このような立場に立つことは容易ではない。というのも、この認識存在論を徹底させれば、神という絶対者との関係もまた相対化されてしまうことになるからである。さきにも述べたように、無制約者＝神に対する決断が、つねに矛盾や両義性を追う個々の決断においてしか表現されないとするなら、当然にもキリスト者にとって深刻な問題は、ではそのなかで矛盾や両義性を免れた「絶対」であるはずの神への決断は、どのように保証されるのかということである。この難問に対してティリッヒは、まず「両義性を免れた判断、すなわち無制約に一義的な真理の判断は、ただ無制約者と制約者との関係そのものについての基底的判断でのみありうる」(21)としたうえで、こう述べる。

絶対的立場とは、したがって、そこに人が立ちうるような立場ではない。それはむしろ、無制約者を守る、つまり制約された立場によってその無制約性が損なわれるのを防ぐような見張り番 Wächter なのである。(22)

この記述は、人間を「存在の牧人」と見たて、その脱存(Ek-sistenz)のあり方をやはり「見張り Wächterschaft」と表現したハイデッガーを連想させて興味深いが[23]、いずれにせよこのギリギリの極限で神への絶対的関係を保とうとするのが、ティリッヒの「信仰的相対主義 der gläubige Relativismus」と呼ばれるものであり、そしてこの決定的な一点において、再びカイロスが持ち出されるのである。論文の結論にも当たるところである。

絶対的立場がもつ見張り番の性格についての教説はカイロスの概念にその最後の充実をもたらす。ひとつの時機、ひとつの出来事が、その無制約者との関係において見られうるならば、あるいはそれが無制約者について語ることになるならば、そしてまたそれ自身について語ることが無制約者について語ることになるならば、そのときこそ、その時機や出来事は、カイロスすなわち深い意味で時の充実 Zeitenfülle の名を得るにふさわしい[24]。

動的な真理の考えは「絶対的‐相対的」の二者択一を克服する。というのも、認識がもつ運命の契機／瞬間 Schicksalsmoment としてのカイロスは、それがこの瞬間においてその真理に従うのか、それとも逆らうのかという絶対的決断の前に立つかぎりにおいて絶対的であり、またこの決断が具体的な決断、時代の運命としてのみ可能であることを知っているかぎりにおいて相対的だからである。かくしてカイロスはロゴスを隠蔽するためではなく、それを開示するためにはたらくのである。(25) 西田がこうした内容をどこまで理解していたかははっきりしない。だが、少なくともここには西田がこの論文に関心を抱いた動機のようなものが、たしかに感じとれる。それを西田自身の言葉で表現すれば、こうなる。

真理は啓示である。真理は絶対現在の自己限定として、カイロス的に知られるのである。而も此故に真理は絶対現在の自己限定的内容として、特殊なる時間空間を越えて一般的に、永遠的であるのである。瞬間は永遠である。此にカイロス即ロゴス、ロゴス即カイロスである。永遠の真理と事実の真理との間の種々なる難問は、時と云ふものの抽象的理解に基くのである。時は絶対現在の自己限定として理解せられねばならない。(26)

これまで簡単になぞってきたことからも明らかなように、ティリッヒの発想のモデルとなっているのは、どちらかというとマクロな歴史認識のあり方である。だからそのつどの決断がなされるカイロスとしての瞬間は、西田が問題にする文字どおりの瞬間、そういってよければ、ミクロな時間意識を支えるカイロスとは次元を異にしている。にもかかわらず、この西田のティリッヒ解釈は、それほどはずれてはいないだろう。マクロ、ミクロの相違をいったん度外視してみるならば、両者の間には明らかに発想および立論上の類似が認められるからである。まず、両者が認識を歴史的動態ないし行為に内在する時間的な出来事として理解していることはすでに触れたが、さらにカイロスをあくまで「時機 Zeit-moment」という瞬間においてとらえ、そこにおいて「時が充実する」とするティリッヒの立論は、「即今」の「絶対現在」という瞬間において「絶対現在」という「一般者」が自己限定するという西田の構えとかなり近いといえるのではないか。現に西田とバルト神学を突き合わせた浅見洋も、こうした西田の絶対現在の自己限定の考えとバルト以降の現代神学における「終末論 Eschatologie」の解釈との親近性を指摘している。(27)

たしかにティリッヒがマクロなレベルで「決断」を問題にしたのに対して、西田にとってはそのような人間の実存的投企というような粗い次元は、むしろ副次的な問題となる。だが、ティリッヒの「決断」が「予期せぬもの、秩序づけられないもの、新奇なもの」に直面していたように、西田の「今」もそのつどつねに未知性や他性に直面していたことについては、筆者がこれまでの章でたびたび指摘してきたとおりである。(28)言いかえれば、ティリッヒの「決断」は西田における「非連続」と呼応しあうのである。時間が「非連続の連続」とされるのは、今ないし瞬間が本質的な意味においてそのつど未知性に直面し、そこに生ずる断絶を超えて「飛躍」せざるをえないからである。この「断絶」を前提とした瞬間の「飛躍」こそがティリッヒの「決断」を可能にしていると、たぶん西田は考えた。

さらに、こうした飛躍や決断が起こる瞬間としてのカイロスを基礎にして初めてロゴスが可能になるという考えの共通性も指摘しておいてよい。ティリッヒにとってはカイロスにおける決断のなかにのみ「無制約者」はかろうじて己の表現を見いだすのであったが、そのとき当の決断自体はすでにロゴスへの移行をはらんでいる。西田の「永遠の今の自己限定」もまた同じで、西田にとって、この自己限定は一種の飛躍の瞬間であると同時にロゴスが発生する瞬間でもある。西田の場合この考えは『善の研究』以来一貫している。「決断」にせよ「自己限定」にせよ、それらの源泉はまだ論理でも判断でもない行為における直観である。つまり、それ自体は対象化できない。しかし、それらは同時にすでにそのなかに対象化可能な論理や判断、すなわちロゴスを可能性として内在させているのである。『善の研究』はすでにこういっていた。

瞬間的知識であつても種々の対立、変化を含蓄して居るやうに、意味とか判断とかいふ如き関係の意識の背後には、此関係を成立せしむる統一的意識がなければならぬ。(29)

このティリッヒとの共通性として出てきたカイロスとロゴスの関係をもう一歩深めるために、ここで「カイロス」という言葉の語義をもう少し追ってみることにしよう。さきの引用でもわかるように、ティリッヒはこの言葉を受けるようにして「Zeitmoment」というドイツ語をたびたびつかっていた。筆者はさきの引用ではとりあえず「時機」と訳しておいたが、このドイツ語はそのなかの「Moment」という語の理解に応じて両義的になる。つまり、時間の「契機」をなすものという意味と、「瞬間」という意味である。おそらく一般的な語感では後者の意味が強いと思われるが、哲学的な論議が問題になるところでは前者も無視できない。では、こうした含みをもつ「カイロス」をさらにギリシア語の語源にまで遡ってみたらどうなるのか。

周知のように、「時間」を表すギリシア語には、この「カイロス καιρός」に並んで「クロノス χρόνος」という言葉がある。さらには「永遠」のニュアンスも併せもった「周期的時間」を表す「アイオーン αἰών」などもある。これらの類似概念との相違を強調しておけば、まずカイロスには周期性はもちろん、時間の長さや幅、つまり量的な時間の意味合いはない。それはむしろ瞬間のような一時点を表す言葉である。さきに暗示しておいたことなのだが、「クロノス」が広く「時間 time/Zeit」ということができるなら、「カイロス」は「時《とき》」ないし「時機」、「時宜」というべきものである。日常レベルでいえば、とりあえず time/Zeit や hour/Stunde から区別される o'clock/Uhr とやや似ているとはいえるのだが、これまでの「充満／充実」との連想が示しているように、むろん意味合いはそれ以上である。o'clock/Uhr がすでに計量化されたクロノスを前提にしての「時刻」であるのに対して、カイロスはそもそもこうした計量的なクロノスとは無縁で、むしろそのクロノスの根源にあって、つねに事象によって「満たされる」ことを要求しているような「時」である。このことをもう少し具体的に説明するために、さらに遡って、カイロスの発生期の語源を参考にしてみよう。

ドイツ解釈学の大家ミヒャエル・トイニッセンに『ピンダロス』という大著があるが、これは実質的にはピンダロスの詩歌の解読にことよせたトイニッセン自身の時間論であり、その著作全体を貫くテーマはクロノスとカイロスである。このなかでトイニッセンは他の文献学者たちの解釈をも検討しながら、カイロスの語源を次のように推理している。

カイロス καιρός は、おそらく当初には καῖρος と同義で、後者は機織りに起源をもつ言葉であった。機織り作業のとき、上下に開けた経糸の間に緯糸が織りこまれるが、καιρός = καῖρος とは、もともとこの経糸が上下に開いた部分をいう。つまりそれはもともとは空間的な概念だったのだが、同時にこれが機織り作業という運動のなかでそのつど生ずる動的な空間であるため、そこには自ずと緯糸を入れる「的」という意味から、さらにはそれを首尾よく入れる「時機」ないし「タイミング」の意味が加わっていき、やがてこの時間的意味合いが支配的になっていったということである。そしてトイニッセンの解釈によれば、ピンダロスにおいては、まず開けられた空間から「Treffen(的中／的)」への意味の変遷が見られるという。そしてその変遷の結果として後の時間概念としてのカイロスが生まれたとして、そのカイロスの特徴をトイニッセンはこう規定している。

ともあれ以上のことから、καιρός という時間形態は、すでに前置きでも示唆しておいたように、お互いかなり遠い関係にありながらも、突然という時間形態と近いものをもっている。突然もカイロスもともに瞬間において生ずる。たしかに瞬間は、片方〔カイロス〕では目標とされるべき正しい瞬間であり、もう片方〔突然〕ではいかなる志向からも逃れ、有無を言わさず降りかかってくる瞬間であるというように、構造的には異なっている。しかしこの両者の瞬間には、それらがその有意味性によって時間の流れから突出しているという共通性がある。むろん、この共通の背景とは反対に、ちがいもはっきりしている。突然は時間の障壁を乗り越え、神的なものが顕現する場所となりうるのに対して、καῖρος は機織りという、その起源の状況にあっては事物との製作的交渉に制約されており、世界に対して忠実である。つまり*καιρός*においては、それとともに明らかになる内容の潜在的に無限な有意味性が自ら世界を体現するかたちで現れ出てくるのである。パラドックスめいた表現をするならば、*καιρός*は相対的絶対性を有しているといえよう。(30)

このトイニッセンの解釈学の帰結にしたがうかぎり、われわれにはさらに次のような解釈が許されているように思われる。それはカイロスの語源が意外にも日本語の「間《ま》」と近親だということである。端的にいって、「間」は空間でも時間でもありうるからである。とくに運動が前提となっている場合には、この両者は一体となっていて切り離すことができない。身近な例をあげれば、剣道やボクシングで対戦する両選手にとって、「間」は両者の間の距離であると同時に、タイミングの「間」でもあって、選手自身にとってこの両者を切り離すことはできない。ちょうどそれと同じように、語源から見るかぎり、カイロスは瞬間でありながらそのなかに、片や的という場所的・空間的意味と、片やそれに的中させる時機／タイミングの意味との両義を内包させている。もしカイロスにこうした含みがなく、たんなるクロノス上の一点であったなら、それが「充実」したりすることなどありえないだろう。カイロスは時間でありながら時間でないものを含んでいるがゆえに、そこに「充満／充実」が生じ、ひいては「永遠の今」が、その自己限定を通して顔を出しうるのだ。

ここでひとつの誤解を解いておこう。それはカイロスを「時機」ないし「時宜」として理解するときに生じうる誤解である。これらの概念はおうおうにして「秋《とき》が来る」、「機が熟す」という事態と重ねて理解される。だが、熟すことができるのはあくまでクロノスであって、カイロス自体は熟す、熟さないという範疇の外部にあるものである。それはむしろクロノスにとっての破れであり、不意打ちである。できるだけ身近でわかりやすい例をあげよう。

野球に「出会い頭のホームラン」という言い方がある。これは投手の投げた球と打者の振りとがぴったり合ってホームランになったことをいうが、われわれはこのときの球とバットの「出会い」をどう理解したらよいのだろうか。むろん投手にも打者にも、それぞれの能力があり、その互いの能力がここで出会ったことにまちがいはない。だが、この球このバットが、この位置このタイミングで合ってしまったという、この一回的な出来事は、いくら両者の能力を分析しても出てくることではない。能力は熟することがあるだろう。また、投手と打者の双方がタイミングも含めて互いの「読み」をおこなうことにも、それなりの成熟ということがあるかもしれない。だが、「出会い頭」という言葉が意味しているのは、そうしたもろもろの成熟(時熟)や読み(思惑)を超えて、ほかならぬこの「出会い」が起こってしまったという当事者にとっても驚きとなる一回的な出来事である。球とバットのわずか何ミリというズレによってたんなるファウル・ボールにもなりえた可能性をかいくぐって、よりにもよってこの出会いが生じてしまったということである。それはもはや「偶然」や「まぐれ」とも区別することのできない一瞬である。カイロスというのはこれに近い。それは熟したりすることができず、むしろそういう次元を超えて、予期しえないかたちで不意打ちが生ずる瞬間である。ある意味でそれは飛躍である。それゆえに生まれる驚きである。

三　Anwesen の意味するもの

こうした文脈で、ときどき西田との親近性が指摘されるハイデッガーを一度問題にしておくのは無駄ではないだろう。筆者はハイデッガーに直接「カイロス」をテーマにした著作なり講演なりがあるのかどうかは寡聞にして知らないが、ここで取りあげてみたいのは、ハイデッガー独特の Anwesen という概念である。

「存在／ある Sein」と「存在者／あるもの Seiendes」との「存在論的差異」を唱えたハ

イデッガーが後にこの「存在と存在者」のペアをたびたび「Anwesen と Anwesendes」のペアに置き換えたことはよく知られているが、その意図は必ずしも明確にされているわけではない。筆者はこの置き換えの意図をトイニッセンとともに、[31]ほぼ次のように理解している。ハイデッガー自身のもともとの構想では『存在と時間』に次いで、その第一部第三篇に当たる「時間と存在」が出版されるはずであったのだが、周知のようにこちらは果たされずに終わった。[32]公刊された『存在と時間』が、存在の側から時間を位置づけようとしたのに対して、この後半の未公刊部は逆に時間から存在を基礎づけるはずのものであったといわれる。言いかえれば、ハイデッガーは当初時間論を基礎的存在論に匹敵する根源的な理論分野として考えていたと思われる。では、この基礎的時間論とでもいうべきものは永久に放棄されてしまったかというと、そうともいえなくて、後期になるとそれが部分的に表現されることがあった。その一例が Anwesen という概念とそれにまつわる論議である。なかでも戦後に書かれた「アナクシマンドロスの言葉」は、この概念に関してもっとも立ち入って論議しているので、以下しばらくこのテクストに即して問題の所在を明らかにしてみよう。ただし、この著作も他のハイデッガーの著作同様に、徹底したドイツ語による語呂合わせを駆使した言説となっているので、ここでは不自然さや煩わしさを承知で、翻訳引用もそのドイツ語による語呂合わせがわかるように呈示する。

これまで「永遠の今」、「絶対現在」、「カイロス」といった概念を追ってきたわれわれの目を引くのは、『イリアス』の一節に出てくる「あるもの *τὰ ἐόντα*」、「あるだろうもの *τὰ ἐσσόμενα*」、「かつてあったもの *πρὸ ἐόντα*」の三つの概念に着眼したハイデッガーが、そのうちのひとつで現在の時間相に相当する「あるもの」の特別な意味を解読するところである。ここに問題の Anwesen も出てくる。

> ありありと現在的に居合わすもの das gegenwärtig Anwesende は、そのつど jeweils とどまる weilt。それは立ち現れ Hervorkunft と立ち去り Hinweggang のなかに立ちとどまる verweilt。とどまり das Weilen とは来 Kunft から往 Gang への移行 Übergang である。居合わすもの das Anwesende とは、そのつど - とどまるもの das Je-Weilige のことなのだ[33]。

まさに典型的なハイデッガー語であり、これにはいくつかのコメントが必要であろう。まず、ハイデッガーはここで gegenwärtig という語を多義的につかっているということである。前後の文脈から明らかなように、この語にはむろん時間的な「現在 Gegenwart」の意味がこめられている。だが、ハイデッガーは、この gegenwärtig はたんなる時間的な現在や主観に対する対象 Gegenstand といったことを意味しているのではなく、むしろ存在の真理としての隠れなきこと Unverborgenheit の場 Gegend に出で来たっている an-kommen ことを意味しているのだという。(34) これは第一節に見たアウグスティヌスにおける「現在 praesens」のもつ両義性に近い観点といえるが、問題の anwesen という言葉もその流れで理解される。

一般のドイツ語では現在分詞形(実質的にはほぼ形容詞)の anwesend と abwesend がそれぞれ「出席」、「欠席」の意味でつかわれることが多いが、ハイデッガーは慣例に反してこれらを動詞形の anwesen, abwesen でも、名詞形の Anwesen/Anwesenheit, Abwesen/Abwesenheit でもつかう。これらに共通する wesen は「本質」の意味をもつ名詞の Wesen と同一の語だが、ハイデッガーがときどきこれを Sein(存在)の代用語としてつかい、しかもその場合に wesen がまたしても慣例を無視して動詞としてつかわれていることもよく知られていることだろう。

Anwesen とは、したがってハイデッガーにとっては、さしあたり「ある Sein」の別名ではあるのだが、この語にはさらに接頭辞 an が付いていることを忘れてはならない。この接頭辞はもともとは広く密着、接着、近傍を意味する語である。だから Anwesen は「ある」ことにはちがいないのだが、それは何かに「接してある」あるいは「即してある」

ことを意味する。anwesend が「出席」や「列席」の意味でつかわれるのはそのためで、たとえば授業や葬儀に「接してある」すなわち「出席している」という意味である。だからさきの引用で筆者もこれを「居合わす」と訳しておいた。もし Anwesen の基本的な意味がそうであるとしたなら、ここで即座にわれわれの連想を呼び起こすのが、第一節で問題となった「パルーシア」の概念である。この連想はけっして筆者の無根拠な思いつきではなくて、じじつハイデッガー自身が『形而上学入門』で述べていることでもある。

> われわれは *παρουσία* にふさわしいドイツ語表現を An-wesen という言葉のなかにもっている。われわれはひとつにまとまって孤立した農場のことをそう呼んでいる。まだアリストテレスの時代までは *οὐσία* はこの意味と哲学の基礎語の意味の両方で使われていた。何ものかがある anwesen。それはそれ自体で in sich 立ち、自分をそのように表す。それはある ist。「ある Sein」とは基本的にギリシア人にとっては Anwesenheit のことをいうのだ。(35)

ここでもう一度確認しておけば、「*παρα-οὐσία*」としての「*παρουσία*」とは、文字どおりには「傍らに居合わせること」であり、「再臨」や「啓示」とも親和的な概念であった。

まさにこのパルーシアが一般的な時間の流れ(クロノス)を打ち破って突出してくる特異な時であったように、このAnwesenもまた過去・現在・未来へと直線的に流れるクロノス的時間に接しながら、それを逸脱する。ハイデッガー用語をつかっていえば、それはたんなる時間表象すなわち「存在者／あるもの Seiendes」ではありえない。そこでさきの引用の最後に出てくる das Je-Weilige という特異な造語が問題となってくる。

> 居合わすもの das Anwesende とは、そのつどとどまるもの das je Weilige のことである。このとどまりの間《ま》 Weile は退去 Weggang へと移行する到来 Ankunft としてある west。この間《ま》は立ち現れることと立ち去ることの間《あいだ》 zwischen にある west。この二重の不－在 Ab-wesen〔wesen から離れるもの〕の間《あいだ》に、あらゆるとどまるものの居合わせ Anwesen がある west。この間《あいだ》 Zwischen のなかに、そのつど－とどまるもの das Je-Weilige が継ぎ合わされている gefügt のだ。この間《あいだ》とは、継ぎ目 Fuge のことであり、その継ぎ目にしたがって到来から退去まで、とどまるもの das Weilende がそのつど je 継ぎ合わされている gefügt のである。[36]

ここに出てくる動詞の wesen にはたんに「ある」だけでなく、「なる」のニュアンスも含まれていることを付け加えておいてもよいが、いずれにせよ問題の「そのつどとどまるもの das je Weilige, das Je-Weilige」とは、われわれが普通「今」、「現在」と呼んでいるものに相当する。だからここでは、Anwesen としての今は、「まだない未来」と「もはやない過去」という二つの「不在 Abwesen」をつなぐ「継ぎ目 Fuge」としての「間《ま》 Weile」であるといわれているわけだが、これだけのことであったら、この大仰な造語の身振りに比して、その内容はきわめて平凡陳腐であるといわなければならない。現在は未来と過去をつなぐといっているにすぎないのだから。では、この引用のどこに独自の考えが秘められているのであろう。それはこの「そのつどとどまるもの」が「間《ま》 Weile」から「間《あいだ》 Zwischen」へととらえなおされている点である。「Weile」とはもともと「一時《いっとき》」や「一時《ひととき》」のように「ちょっとした時の間《ま》」のことを意味する言葉だが、ここではそれが同時に「間《あいだ》 Zwischen」としてとらえなおされるのである。むろん、この「間」はさしあたりは未来と過去の二つの不在の「間」から来ているのだが、見られるように、ハイデッガーはこの引用のなかで前置詞の zwischen を途中から名詞の Zwischen にずらしている。このレトリックはハイデッガーのよくやる手だが(たとえば『形而上学とは何か』における nichts から Nichts へのずらしなど)[37]、問題はこれを通してハイデッガーが何を言おうとしたかである。

名詞 Zwischen は、もはや前置詞の zwischen のように、何かと何かの間というように、あくまで何らかの存在者に従属して、いわば二次的にそれらの位置関係を表すものではない。それはそれ自体が実質をともなって、そういってよければ、その下に他の存在者をつなぎとめ、従えるような主役としての存在なのだ。だから、ハイデッガーにとって das Anwesende ないし Anwesenheit が Sein の別名となったように、Zwischen もまた、それが名詞にされた瞬間、一挙に Sein の地位に昇格することになる。

前節で筆者は「間《ま》」には時間的意味と空間的意味が共存していて、原基的なところでは両者は区別できないことを指摘しておいた。しかもそれはとくにカイロスという瞬間において顕在化するのでもあった。このハイデッガーの文脈においても問題となるのは、この原基的な Zwischen である。現在という「間《ま》 Weile」が「間《あいだ》 zwischen」であるのは、さしあたりは未来と過去の間にそのつど立ち現れてくるからだが、それが可能なのは、逆に大文字の「間《あいだ》 Zwischen」としての現在自体がそもそもそのような未来や過去を差異化して吐き出すからである。「そのつどとどまるもの」が wesen したり anwesen したりするのも、ハイデッガーの場合、現在において Sein が顕現してくる(パルーシア)という基本理解があるからだ。言いかえれば、Anwesen とは、Sein がいまだ対象化されざる「隠れなき」姿で、到来する ankommen ようにして立ち現れることにほかならない。キリスト教神学はこの事態を「臨在」や「啓示」と理解し、西田はそれを「永遠の今の自己限定」と表現したのである。

筆者の見るところ、ハイデッガーの Zwischen には以上のような理論的可能性が秘められていた。だが、ハイデッガーはそのことをそれ以上展開することはしなかった。代わりに引き出してきたのは、とどまり weilen が立ちとどまり verweilen へと転ずることによって生ずる継ぎ目 Fuge からの逸脱としての Unfug(愚行)、つまり今の抱える「固定化」の危険の問題にすぎない[38]。おそらくハイデッガーにはまだ「頽落」の方向が気になっていたのだろう。だが、ハイデッガーが『存在と時間』で次のようにいうとき、彼は問題の所在になかばは気づいていた。

> 本来的な時間性のなかに保持されているがゆえに本来的な現在のことをわれわれは瞬間と呼ぶ。この用語は能動的な意味においてエクスターゼとして理解されなければならない。この用語が意味しているのは、状況において遭遇する配慮可能性や事情へと現存在 Dasein を連れ去ること、しかも決断しつつ、その決断のなかに沈着に保持されている gehalten ような、そういう連れ去りのことである。瞬間という現象は根本的に今というものからは解明されえない。今とは内時間性として時間に属する時間的

現象である。それは「そのなかで」何ものかが生まれ、過ぎ去り、目の前にあったりする今である。一方「瞬間においては」何ものも生ずることはありえない。むしろ瞬間は本来的な Gegen-wart として、「ひとつの時間の内で」手もとにあったり、目の前にあったりできるものを、初めて遭遇させるのである。(39)

聖書の「ホ・ニュン・カイロス」や西田の「永遠の今」、さらにはベンヤミンの「今の時」などを知るわれわれには、この「今」の貶価は不当に映る。そのかわり、これまで論議してきたカイロスの内容は、不充分なかたちながら、ここでは「Gegen-wart(現在／向かって‐待つこと)」としての「瞬間」という概念が引き受けている。前後の文脈から推して、この「瞬間」の特別待遇はキルケゴールの著作『不安の概念』からの影響と考えられるのだが、そのキルケゴールは「瞬間」をどうとらえていたのか。プラトンの瞬間概念に長い脚注を付けたあとで、キルケゴールはこういっている。

現在的なものは永遠的なものである、あるいはより正確には、永遠的なものは現在的なものであり、そしてこの現在的なものは〔絶対的に内容豊富な〕充溢である。この意味でラテン語を話す人々は神のことを praesens〔現在的〕(praesentes dii)といったのだが、神についてこの言葉が用いられる場合、彼らは同時にその力強い加護のことをそう呼んだのである。

瞬間とは過去的なものも未来的なものももたないものとしての現在的なものを言い表しているのである。(40)

われわれの文脈からすれば、キルケゴールの方がはるかにカイロスとしての瞬間、ひいては永遠の今をよくとらえている。そして過去、現在、未来の時間相をすべて「エクスターゼ」に還元しようとしたハイデッガーもこのキルケゴールの瞬間だけは無視できず、それをエクスターゼのひとつである「現在」に担わせようとしたのだが、それによって瞬間に孕まれるカイロスの特異な意味がなかば隠されてしまったということができる。なぜならカイロスとは「現在」が過去や未来と並ぶ「現在」とは異質な次元を孕んでいることを意味する言葉であり、本来ハイデッガーの「エクスターゼ」に還元することができないものだからである。

それにしてもキルケゴールといい、ハイデッガーといい、瞬間について少し気になることを述べているのに気づかれただろうか。キルケゴールによれば、現在的なものは内容豊富な充溢でありながら過去的なものも未来的なものももたないとされ、ハイデッガーでは、本来的な時間たる瞬間においては何ものも生じないといわれた。これは矛盾ではないのだろうか。次の節ではこれに対する解答を探るとともに、あわせて出発点であった西田の「永遠の今の自己限定」のテーゼにもどり、これについてこれまでの論議からどのようなことがいえるのかを検討してみたい。

四　破砕する時

内容の充溢した現在的なものが過去的なものも未来的なものももたず、本来的な時間たる瞬間においては何ものも生じないといわれるのは、カイロスとしての現在ないし今がクロノスを「破砕」し、それを「断ち切る」瞬間だからである。クロノスに過去、現在、未来の時間的「内容」があるとするなら、それを破砕するカイロスはそのような内容をもたない。その意味では「何ものも生ずることはありえない」のである。クロノスがその「内容」にもとづいて「連続」的性格をもつとするならば、それを断ち切るカイロスは「非連続」である。これだけのことを確認しておいて西田にもどろう。

西田の連続と非連続への問題関心は早くからあり、たとえば数学などとの「悪戦苦闘」がにじみ出る初期の著作『自覚に於ける直観と反省』のなかにも、こういう言葉がある。

普通に経験は非連続的であるといふが、連続的なものの意識がなければ非連続的なものを考へることはできまい、経験を非連続的であるといふ人は既に自己の連続を意識して居るのである。或物体が t_1 の瞬間に於て p_1 の場所にあり、t_2 の瞬間に於て p_2 の場所に移り行つたとせよ、我々は普通に非連続的な各瞬間に於ける物体の位置を意識することはできるが、連続的運動は考へられるだけで意識することはできぬと考へて居る。併し此等の各点が断続せるものではなく連続的運動の各点であると意識せられた時、既に連続といふ体系が直観的に意識せられて居るのではなからうか。(41)

見られるように、ここでのアクセントはまだ連続性の方に置かれており、非連続はむしろ「普通」の意識＝知覚を支えるものとみなされているにすぎない。これは「純粋経験」を唱えてきた西田がこの時期ベルクソンの「純粋持続」の考えに傾き、まだ「非連続」に秘められた深い意味を充分に自覚していないからだが、西田の思考はやがてこの非連続のなかに連続に匹敵する重みを見いだしていくことになる。その表れが「絶対矛盾的自己同一」などと並んで後期西田を代表する「非連続の連続」という概念にほかならない。そしてじつはこの用語の登場が、われわれがこれまでに問題にしてきた「永遠の今の自己限定」という時間論の提起とほぼ期を同じくしているのである。この用語は、すでに何度か触れた西田時間論の本格的開始を告げる論文「私の絶対無の自覚的限定といふもの」において二度出てくる。

私は屢自覚に於ては外が内となり内が外となると云つたが、弁証法的限定に於ては外が内とならなければならない、弁証法的限定の背後には対象的に何物もあつてはならない、それは非連続の連続でなければならない、無の自己限定でなければならぬ。(42)

真に自己自身を限定する事実そのものは瞬間的今そのものの限定として、一面に我々の運命の意義を有つてゐなければならない。かういふ意味に於て事実はいつも云はゞ原始的歴史 Urgeschichte の意味を有つて居るのである、我々の人格はかゝる原始的歴史によつて構成せられるのである。かゝる限定は非合理的なるものの自己限定として、即ちパラドックスの自己限定として、非連続の連続でなければならない。各人は非連続の連続として限定せられるのである。(43)

この論文にはさらに「断絶の連続(44)」という表現も出てくるが、これらの引用からもわかるように、「非連続」は瞬間的今における「限定」と密接に関係した概念である。「人格」という粗い観点が入っているのでやや紛らわしいが、これをわれわれのこれまでの論議に引きつけて解釈しなおしてみるならば、こういうことになるだろう。時間は一方で過去、現在、未来と流れる連続性をもっているように見えるが、他方でその一瞬一瞬が非連続な自己限定の瞬間であり、その「原始的歴史」つまり根源的な現在のそのつどの自己限定のうえに連続性も成り立っている。言いかえれば、現在＝今とは、そのつど何ものかが自己を限定するようにして立ち現れてくる(パルーシア)カイロスとしての瞬間であり、そこからクロノスも生まれてくるのである。今まで見てきたように、この何ものかを「神」とするのがヨーロッパの神学や哲学だったが、西田はそこに「絶対無」を見た。とはいえ、この「無」はたんなる空虚ではない。それは神学者たちにとってと同じように、この瞬間に「充溢」、「充実」をもたらすものだったからである。そのかぎりで、それは「絶対の有」と呼ばれてもかまわない。

> 併し永遠の今の自己限定には一面に絶対的自己否定の意味がなければならない、永遠の一面には時を超越し時を否定した意味がなければならない。それが所謂「時の充実」と考へられるものであり、そこに絶対の有があると考へることができる、絶対無

のノエマ的自覚に於て絶対の有が見られるのである。(45)

この「時を超越し時を否定した意味」、これが西田のいう「永遠」であり、ひいては「カイロス」である。キルケゴールのパラドックスに即して、つい「我々は今が今自身を限定する瞬間に於て神に触れるといふことができる」(46)と神学者めいた言葉を吐くのも、そういう考えから来ている。ここで本章の最初に「永遠の今の自己限定」から引用した一節を想い出そう。そこではエックハルトの「時の完了」が問題になっていた。この「完了」が「充溢(プレーローマ)」と密接に関連していたことはすでに見たとおりだが、論文「私の絶対無の自覚的限定といふもの」においても西田は、プラトンが『ティマイオス』のなかで展開した永遠概念を批判しながら、こう述べている。

マイステル・エッカルトは「充実について」Von der Erfüllung に於て、時の充実といふことはもはや時がなくなつた時と考へることもできるが永遠の今と考へることができる、無限の過去を現在の今に収斂するのが時の充実であると云つて居る。神は創造の始の日の如く今も創造しつゝあるのである、ティマイオスの永遠といふ如きものは、自己自身を限定する現在から、ノエマ的方向の極限に考へられたものたるに過ぎない。真の永遠はノエシス的限定の底に考へられねばならない、今が今自身を限定するといふ所に真の永遠の意味があるのである。(47)

再確認しておこう。「永遠」はカイロスという「非連続」の瞬間において、文字どおり一瞬だけ顕現する。だからその「永遠」はアイオーンのような「永続」のことではない。それはいわゆるクロノス的時間を「切断」する、つまり西田の言い方でいえば「時を超越し時を否定」することにおいて初めて顔を見せるものなのだ。過去・現在・未来を内容としてもつクロノスとは、ある意味で連続する時間である。しかし、その合意承認された連続性はいつでも時間の惰性化をもたらしうる。ちょうどハイデッガーのとどまり weilen が立ちとどまり verweilen となって、継ぎ目 Fuge が愚行 Unfug へと固定することがありうるように。ベルクソンや初期の西田はこうした惰性化した時間概念に「純粋持続」を対置させたが、後期の西田はその立場を放棄して、かわりにカイロス的瞬間による非連続を対置させたといってよいだろう。より正確にいうなら、アプリオリにそういう非連続をはらんだ連続としての時間概念である。非連続を欠く連続だけの時間が生きた時間でないように、連続なき非連続もまた、もはや時間ということができない。いずれにせよ、いわゆる「時間」はカイロスという「時」によって切断されるとき、「充実」にもたらされる。

西田がエックハルトに読みとったのも、そういうことであった。

その意味で、そのエックハルト神学の中心に「突破」を読みとろうとした上田閑照の宗教哲学はわれわれにとっても参考となる。上田によれば、「エックハルトの説教を貫く基調は、自己を捨て我性に死んだ魂(Seele)、すなわち「離脱(Abgeschiedenheit)」せる魂の内に神が神の子を生むという誕生モティーフ」[48]なのだが、さらにこれに加えて「突破 Durchbruch モティーフ」がはたらいているという。「突破モティーフ」とは、エックハルトが父・子・聖霊の三一性はもとより、神そのものをも「無」に帰してしまおうとする、そのラディカルな姿勢のことである。上田自身の著作から引用しよう。

> エックハルトが「父と子と聖霊とは一である」という三一神論の常規に立ちながら、そこから「神は一そのものであるが故に、父でもなく子でもなく聖霊でもない」というところに転じ進むときに、高揚された「一」への動性がはっきりあらわれている。「一切の相なく質なく単純なる一そのもの(einvaltic ein âne alle wîse und eigenschaft)であるところの神は、父でもなく子でもなく聖霊でもない。一つのあるものではあるが、これとも言えずあれとも言えない」(DWI四三、四四)。〔…〕数と質の表象を伴わざるを得ない「三一」性の「一」から高揚してエックハルトは神の自体としての「一」性

を、単一無雑にして純一無相である「一の自体(ein in im selber)」、「一の一なる一(ein einic ein)」、「第一の純(die êrsten lûterkeit)」へと追究してゆく。これは、もはや一として数えられるごときものではなく「一ならざる一」であって、この「一ならざる」ところを端的に出そうとする場合、エックハルトは「無(ein niht)」と言う(49)。

エックハルトをこう解釈する上田自身の宗教哲学に禅と西田の影がかかっていることはよく知られたことだろう。だから、ここに呈示されたエックハルト像がそういう「影」と似てくるのは不思議ではないのだが、ここで筆者の関心を引くのは、そういうたんなる類似点の問題ではない。それよりも重要と思われるのは、上田が指摘する「誕生」と「突破」という一見矛盾する二つのモティーフの同時的共存である。筆者の立場からすれば、この外見上の「矛盾」はカイロスの在り方そのものに関わっている。くりかえせば、カイロスとは、そこに「永遠」が「臨在」する「充溢」の瞬間であり、西田に即していえば、永遠の今が自己限定する瞬間である。このポジティヴなイメージがここでいわれる「誕生モティーフ」である。これをエックハルト自身の言葉で再現しておけば、こうなる。ちなみに、これは第一節の初めに西田の「翻訳」として紹介した箇所とも重なっているので、読み比べてもらいたい。

時間というもの、この六〇〇〇年の間に起こり、またこれから終末までに起こるであろうすべてを、現在の今へと凝縮させることができるような業と力を有するならば、それこそが「時の充実」というものであろう。それこそが永遠の今なのであって、その今において魂は、私がまさに今この瞬間にもっているような歓喜とともに、神の内にあるあらゆる物事を新鮮で生き生きと現在するかのように認識するのである。(50)

これに対して、神さえも無化してしまうような「突破モティーフ」とは、同じカイロスが同時にクロノスの連続性を切断し破砕する瞬間でもあることを示唆している。このカイロスの破砕的性格が徹底され、前面に出されるとき、あらゆる「意味」は無効になる。「三」も「一」も意味を失って、もはや数であることができない。それはハイデッガーにおいて、あらゆる存在者 Seiendes が抹消記号の付された存在 ~~Sein~~ を前にして無力になってしまうのと同様である。これも西田なら「絶対無」とか「真の無の場所」と呼んだはずの事態にほかならない。つまりエックハルトの「誕生」と「突破」はそれぞれ別の事柄を言い表すものではなくて、ひとつの同じ事態を裏と表から眺めた結果にすぎないのである。

このように、カイロスの瞬間を宗教的「突破」とみなす可能性があるなら、さらにこれをもっと具体的なかたちで、病理学的な「発作 Anfall」とみなす可能性さえないわけではない。木村敏の癲癇論に非常に興味深い記述がある。

癲癇の発作を現象学的に考察しようとする場合、まず注意をひくのは、発作による時間の断絶という現象だろう。患者本人はもちろんのこと、そばにいて発作を目撃していた人にとってすら、発作がどのくらいの時間持続したかを正確に述べることは不可能である。これは、発作前の日常的な時間の流れが、発作という完全に異質な時間性に属する出来事によって唐突に切断され、再びもとの時間次元を回復した後も、その間の断絶を繋ぐべき等質な時間の経過を見出すことができないことによるのであろう。患者にとっても、発作によって内的に震撼された目撃者にとっても、発作はその絶対的な異質性のために、前後を截断された或る意味で「瞬間的」な出来事として体験される。「瞬間的」といっても、普通の意味でのごく短い時間ということではない。瞬間は一面では永遠と通じている。瞬間は過去と未来から独立した絶対的な現在である。絶対的な現在の「長さ」を、過去と未来を繋ぐ時間の尺度で測定することはできない。(51)

知られているように、木村はこれをさらに木村独自の精神病理学テーゼ「イントラ・フェストゥム」としても用語化するわけだが[52]、この癲癇の解釈にはわれわれの文脈と重なる点が多い。この「発作」が「時間の断絶」としてとらえられるということは、それがカイロスによるクロノスの瞬間的破砕を意味するからである。それが「異質な時間性に属」し、「永遠と通じている」といわれるのも、筆者には癲癇発作とカイロスの親和性を暗示しているように見える。むろんこれだけの記述を根拠に、癲癇の発作を神学者や西田の「永遠の今」と同一視することは軽率の誹りを免れないだろうが、逆に、さまざまな「偏見」をできるだけ排して、そのどちらの現象をも虚心に眺めてみた場合、お互いの探究を利するような新たな視点が得られるのではないだろうか。そういう意味で木村の精神病理学は哲学や宗教学にとっても貴重な思考材料を提供してくれている。ちなみに、古代ギリシアではヒポクラテスの医学的脱神秘化がおこなわれる以前には癲癇は「神聖病」といわれていたし、ソクラテスにもパウロにも古くから癲癇持ちの風評がある。

第一節で取りあげたアガンベンの『残りの時』にプリニウスによって伝えられた「アペレスの切断」の話が載っている。古代ギリシアの天才画家アペレスはそのライバルであるプロトゲネスの描いた繊細な線を、それよりもさらに繊細な線によって切断したという逸話である。アガンベンはこの逸話に「分割の分割」による真のユダヤ人と非ユダヤ人との区別を読み取ろうとしているのだが、この逸話は次のことのアレゴリーとしても理解できるかもしれない。最初のプロトゲネスによる切断が、あくまで空間上で可能なもっとも繊細な線による切断であるとしたなら、アペレスによるそれは、もはや空間上の切断それ自体を切断する非空間的ないし超空間的な出来事であるということだ。それと同じように、時間もクロノス的次元において時間、分、秒……と際限なく細かく分割される一方で、それとは根本的に次元を異にしたカイロスによる切断が起こりうるということである。言いかえれば、切断そのものを無化してしまうような切断である。

（1）西田「永遠の今の自己限定」、『無の自覚的限定』一四三頁。

（2）これらの中世ドイツ語に対応する現代ドイツ語訳としては、それぞれ「die Fülle/Erfüllung/Vollendung der Zeit」および「das Nu/Jetzt der Ewigkeit」が考えられるが、引用文中の「Von der Vollendung der Zeit」という訳語からして西田がつかった版はGustav Landauer 編訳の *Meister Eckharts mystische Schriften* ではないかと筆者は推定していた。後に太田裕信氏の指摘で、京都大学に残されている西田文庫のなかにMeister Eckehart: *Meister Eckeharts Schriften und Predigten*, aus dem Mittelhochdeutschen übersetzt und herausgegeben von Herman Büttner. Bd.1. Eugen Diederichs, 1921 が収められており、その版で「Vollendung」の語がつかわれていることを知った。太田氏のアドヴァイスに敬意を表し、ここに記しておきたい。

(3) Augustinus: *Bekenntnisse*, S. 640-641.
(4) 西田『善の研究』一四六頁。
(5) アガンベン『残りの時』一二二―一二三頁。
(6) 同書、一二三頁。
(7) 大貫『イエスの時』二二七頁。
(8) 西田「私の絶対無の自覚的限定といふもの」、『無の自覚的限定』一〇四―一〇五頁。
(9) アガンベン、前掲書、一一四―一一五頁。
(10) 西田、前掲書、九三頁。
(11) 同書、一三一頁。
(12) 井筒『コスモスとアンチコスモス』一七三頁。
(13) 西田、前掲書、一〇九頁。
(14) 西田「場所的論理と宗教的世界観」、『哲学論文集 第七』三三七頁。
(15) 同書、三六六頁。
(16) Tillich: „Kairos und Logos", S. 46-47.
(17) ibid., S. 52.
(18) ibid., S. 57.
(19) ibid., S. 57.
(20) ibid., S. 72.

(21) ibid., S. 73.
(22) ibid., S. 74.
(23) Heidegger: *Brief über den »Humanismus«*, S. 175. ちなみに二人は一九二四年から翌年にかけてマールブルクで一時的に同僚関係にあったが、ガダマーの回想によれば、ブルトマンやハイデッガーの影響下にあった当時のマールブルク大学神学部の雰囲気はティリッヒにとってあまり恵まれたものではなかったという。詳しくは、Schüßler: *Paul Tillich*, S. 16 ff. 参照。そのことよりはるかに興味深いのは、彼らが互いに立場を異にしながらも、ユンガーやシュミットらと「決断」という一種の時代テーマを共有していたことであろう。
(24) Tillich, op. cit., S. 76.
(25) ibid., S. 76.
(26) 西田、前掲書、三五四頁。
(27) 浅見『西田幾多郎』二〇八頁。
(28) 特に第四章「瞬間――断絶する今」参照。
(29) 西田『善の研究』一四―一五頁。
(30) Theunissen: *Pindar*, S. 804-805.
(31) ibid., S. 930 参照。
(32) 『「ヒューマニズム」について』の中でハイデッガーはこれが不可能となったのは、このとき遭遇した思考の転回が旧来の形而上学の言葉を借りることでは切り抜けられなかったからだと述懐している。Heidegger, op. cit., S. 159 参照。

(33) Heidegger: „Der Spruch des Anaximander", S. 323.

(34) ibid., S. 319.

(35) Heidegger: *Einführung in die Metaphysik*, S. 46.

(36) Heidegger: „Der Spruch des Anaximander", S. 327.

(37) Heidegger: „Was ist Metaphysik?", S. 3 参照。

(38) Heidegger: „Der Spruch des Anaximander", S. 328 ff. 参照。

(39) Heidegger: *Sein und Zeit*, S. 338.

(40) Kierkegaard: *Der Begriff Angst*, S. 80.

(41) 西田『自覚に於ける直観と反省』一〇〇―一〇一頁。

(42) 西田「私の絶対無の自覚的限定といふもの」、『無の自覚的限定』一一四頁。

(43) 同書、一一八―一一九頁。

(44) 同書、一二三頁。

(45) 同書、一一一頁。

(46) 同書、一一六頁。

(47) 同書、一二五頁。

(48) 上田「非神秘主義」九九頁。

(49) 同書、二五八頁。

(50) DW 2, 230, 4–233, 4(Übers. 679–680); L 407, 32 sqq.
(51) 木村「『直接性の病理』序章」二六頁。
(52) 木村が癲癇を中心とした病理現象にこの用語を当てるのは一九七〇年代からだが、「アンテ・フェストゥム」、「ポスト・フェストゥム」と並べて意識的に使い始めるのは一九八二年の『時間と自己』からである。これに関してはとくに、木村『時間と自己』二二四頁以下を参照。

参考文献

西田幾多郎『西田幾多郎全集』竹田篤司他編、岩波書店、二〇〇二―二〇〇九年。

――『善の研究』、『西田幾多郎全集』第一巻、岩波書店、二〇〇三年。

――『自覚に於ける直観と反省』、『西田幾多郎全集』第二巻、岩波書店、二〇〇四年。

――『働くものから見るものへ』、『西田幾多郎全集』第三巻、岩波書店、二〇〇三年。

――『無の自覚的限定』、『西田幾多郎全集』第五巻、岩波書店、二〇〇二年。

――『哲学の根本問題 続編』、『西田幾多郎全集』第六巻、岩波書店、二〇〇三年。

――『哲学論文集 第五』、『西田幾多郎全集』第九巻、岩波書店、二〇〇四年。

――『哲学論文集 第六』、『哲学論文集 第七』、『西田幾多郎全集』第十巻、岩波書店、二〇〇四年。

――「純粋経験に関する断章」、『西田幾多郎全集』第十六巻、岩波書店、二〇〇八年。

浅見洋『西田幾多郎――生命と宗教に深まりゆく思索』春風社、二〇〇九年。

荒谷大輔『西田幾多郎――歴史の論理学』講談社、二〇〇八年。

井筒俊彦『意識と本質――精神的東洋を索めて』岩波書店、一九八三年。

――『コスモスとアンチコスモス――東洋哲学のために』岩波書店、一九八九年。

今村仁司『社会性の哲学』岩波書店、二〇〇七年。

入不二基義『時間は実在するか』講談社現代新書、二〇〇二年。

――『時間と絶対と相対と――運命論から何を読み取るべきか』勁草書房、二〇〇七年。

上田閑照『禅仏教――根源的人間』筑摩書房、一九七三年。

――「西田幾多郎――あの戦争と「日本文化の問題」」、『思想』一九九五年第一一号、岩波書店。

――「非神秘主義――エックハルトと禅」、『上田閑照集』第八巻、岩波書店、二〇〇二年。

上田閑照・柳田聖山『十牛図――自己の現象学』ちくま学芸文庫、一九九二年。

植村恒一郎『時間の本性』勁草書房、二〇〇二年。

内海健『スキゾフレニア論考――病理と回復へのまなざし』星和書店、二〇〇二年。

大澤正人『サクラは何色ですか?――西田幾多郎の思想』現代書館、二〇〇五年。

大貫隆『イエスの時』岩波書店、二〇〇六年。

小浜善信『九鬼周造の哲学――漂泊の魂』昭和堂、二〇〇六年。

嘉戸一将『西田幾多郎と国家への問い』以文社、二〇〇七年。

柄谷行人『探究』Ⅱ、講談社、一九八九年。

木村敏『偶然性の精神病理』岩波現代文庫、二〇〇〇年。

――『時間と自己』、『木村敏著作集』二、弘文堂、二〇〇一年。

――「『直接性の病理』序章」、『木村敏著作集』四、弘文堂、二〇〇一年。

――『自己・あいだ・時間――現象学的精神病理学』ちくま学芸文庫、二〇〇六年。

木村敏・檜垣立哉『生命と現実――木村敏との対話』河出書房新社、二〇〇六年。

九鬼周造『偶然性の問題』、『九鬼周造全集』第二巻、岩波書店、一九八〇年。

――『人間と実存』、『九鬼周造全集』第三巻、岩波書店、一九八一年。

熊野純彦『レヴィナス入門』ちくま新書、一九九九年。

小坂国継『西田哲学の基層――宗教的自覚の論理』岩波現代文庫、二〇一一年。

小林敏明『〈ことなり〉の現象学――役割行為のオントプラクソロギー』弘文堂、一九八七年。

――『精神病理からみる現代思想』講談社現代新書、一九九一年。

――『西田幾多郎――他性の文体』太田出版、一九九七年。

――『〈主体〉のゆくえ――日本近代思想史への一視角』講談社選書メチエ、二〇一〇年。

――『西田幾多郎の憂鬱』岩波現代文庫、二〇一一年。

――『フロイト講義〈死の欲動〉を読む』せりか書房、二〇一二年。

斎藤慶典『思考の臨界――超越論的現象学の徹底』勁草書房、二〇〇〇年。

――『フッサール――起源への哲学』講談社選書メチエ、二〇〇二年。

――『心という場所――「享受」の哲学のために』勁草書房、二〇〇三年。

坂部恵『不在の歌――九鬼周造の世界』TBSブリタニカ、一九九〇年。

互盛央『フェルディナン・ド・ソシュール――〈言語学〉の孤独、「一般言語学」の夢』作品社、二〇〇九年。

高橋里美『全体の立場』岩波書店、一九三二年。

竹内良知『西田哲学の「行為的直観」』農山漁村文化協会、一九九二年。

田中久文『九鬼周造——偶然と自然』(新装版)、ぺりかん社、二〇〇一年。

田邊元「死生」、『田邊元全集』第八巻、筑摩書房、一九六四年。

永井均『西田幾多郎——〈絶対無〉とは何か』NHK出版、二〇〇六年。

中村雄二郎『西田幾多郎』Ⅰ、Ⅱ、岩波現代文庫、二〇〇一年。

——『西田哲学の脱構築』岩波書店、一九八七年。

——『述語的世界と制度——場所の論理の彼方へ』岩波書店、一九九八年。

檜垣立哉『西田幾多郎の生命哲学——ベルクソン、ドゥルーズと響き合う思考』講談社現代新書、二〇〇五年。

——『賭博／偶然の哲学』河出書房新社、二〇〇八年。

廣松渉『世界の共同主観的存在構造』、『廣松渉著作集』第一巻、岩波書店、一九九六年。

——『存在と意味』第一巻、『廣松渉著作集』第十五巻、岩波書店、一九九七年。

——『存在と意味』第二巻、『廣松渉著作集』第十六巻、岩波書店、一九九七年。

藤田正勝『西田幾多郎の思索世界——純粋経験から世界認識へ』岩波書店、二〇一一年。

松尾正『沈黙と自閉——分裂病者の現象学的治療論』海鳴社、一九八七年。

松尾正・小坪大作「「知覚される他開」から「生ける他開」へ」、『臨床精神病理』第一〇巻第三号、星和書店、一九八九年。

丸山圭三郎『ソシュールの思想』岩波書店、一九八一年。

――『生命と過剰』河出書房新社、一九八七年。

三木清『歴史哲学』、『三木清全集』第六巻、岩波書店、一九六七年。

森一郎『死と誕生――ハイデガー・九鬼周造・アーレント』東京大学出版会、二〇〇八年。

『聖書』(新共同訳)日本聖書協会、一九九七年。

『新約聖書』新約聖書翻訳委員会訳、岩波書店、二〇〇四年。


アガンベン、ジョルジョ『残りの時――パウロ講義』上村忠男訳、岩波書店、二〇〇五年。

――『言葉と死――否定性の場所にかんするゼミナール』上村忠男訳、筑摩書房、二〇〇九年。

ヴァイツゼッカー、ヴィクトア、フォン『ゲシュタルトクライス――知覚と運動の人間学』木村敏・濱中淑彦訳、みすず書房、一九九五年。

カイヨワ、ロジェ『遊びと人間』多田道太郎・塚崎幹夫訳、講談社学術文庫、一九九〇年。

キェルケゴール、セーレン『不安の概念』斎藤信治訳、岩波文庫、一九五一年。

クリステヴァ、ジュリア『ポリローグ』足立和浩・沢崎浩平・西川直子・赤羽研三・北山研二・佐々木滋子・高橋純訳、白水社、一九八六年。

デリダ、ジャック『エクリチュールと差異』下、梶谷温子・野村英夫・三好郁朗・若桑毅・阪上脩訳、法政大学出版局、一九八三年。

——『コーラ——プラトンの場』守中高明訳、未來社、二〇〇四年。

ハインリッヒ、クラウス『ノーを言う難しさ——宗教哲学的エッセイ』小林敏明訳、法政大学出版局、二〇〇〇年。

パスカル、ブレーズ『パンセ』前田陽一・由木康訳、中公文庫、一九七三年。

バタイユ、ジョルジュ『エロティシズム』酒井健訳、ちくま学芸文庫、二〇〇四年。

プラトン『パイドン』松永雄二訳、『プラトン全集』1、岩波書店、一九七五年。

——『ティマイオス』種山恭子訳、『プラトン全集』12、岩波書店、一九七五年。

ヤーコブソン、ロマーン『一般言語学』川本茂雄監修、田村すゞ子・村崎恭子・長嶋善郎・中野直子訳、みすず書房、一九七三年。

ラカン、ジャック『精神病』下、ジャック＝アラン・ミレール編、小出浩之・鈴木國文・川津芳照・笠原嘉訳、岩波書店、一九八七年。

レヴィナス、エマニュエル『時間と他者』原田佳彦訳、法政大学出版局、一九八六年。

——『実存から実存者へ』西谷修訳、講談社学術文庫、一九九六年。

Augustinus: *Bekenntnisse*, eingeleitet, übersetzt und erläutert von Joseph Bernhart, Insel, 1987.

Die Bibel, Einheitsübersetzung, Katholische Bibelanstalt GmbH, Verlag Herder, 1995.

Meister Eckhart: *Die Deutschen Werke*, 1-5, hrsg. und übers. von Josef Quint/Georg Steer,

Die Deutsche Forschungsgemeinschaft, 1958–2003.

—— : *Meister Eckharts mystische Schriften*, übers. von Gustav Landauer, K. Schnabel, 1903.

Freud, Sigmund: *Jenseits des Lustprinzips*, in: *Studienausgabe*, Band III, Fischer, 1982.

Haas, Alois M.: „Mystische Eschatologie. Ein Durchblick", in: Jan A. Aertsen und Martin Pickavé (Hrsg.), *Ende und Vollendung: eschatologische Perspektiven im Mittelalter: mit einem Beitrag zur Geschichte des Thomas-Instituts der Universität zu Köln anläßlich des 50. Jahrestages der Institutsgründung*, Walter de Gruyter, 2001.

Hegel, Georg Wilhelm Friedrich: *Enzyklopädie der philosophischen Wissenschaften*, I, Suhrkamp, 1986.

Heidegger, Martin: *Sein und Zeit*, Max Niemeyer, 1972.

—— : *Einführung in die Metaphysik*, Max Niemeyer, 1966.

—— : „Was ist Metaphysik?", in: *Wegmarken*, Vittorio Klostermann, 1967.

—— : *Brief über den »Humanismus«*, in: *Wegmarken*, Vittorio Klostermann, 1967.

—— : „Der Spruch des Anaximander", in: *Holzwege*, Vittorio Klostermann, 1972.

—— : *Unterwegs zur Sprache*, Günther Neske, 1959.

Heinrich, Klaus: *Versuch über die Schwierigkeit nein zu sagen*, Stroemfeld, Frankfurt a. M. 2002

Held, Klaus: *Lebendige Gegenwart: die Frage nach der Seinsweise des transzendentalen Ich bei Edmund Husserl, entwickelt am Leitfaden der Zeitproblematik*, Martinus Nijhoff, 1966.

Husserl, Edmund: *Cartesianische Meditationen*, in: *Husserliana*, I, Martinus Nijhoff, 1963.

——: *Ideen zu einer reinen Phänomenologie und phänomenologischen Philosophie*, I, in: *Husserliana*, III, Martinus Nijhoff, 1950.

——: *Zur Phänomenologie des inneren Zeitbewußtseins*, in: *Husserliana*, X, Martinus Nijhoff, 1966.

Kierkegaard, Sören: *Der Begriff Angst*, übers. von L. Richter, Athenäum, 1988.

Kobayashi, Toshiaki: *Denken des Fremden: am Beispiel Kitaro Nishida*, Stroemfeld, 2002.

Löwith, Karl: *Das Individuum in der Rolle des Mitmenschen*, Wissenschaftliche Buchgesellschaft, 1969.

Schüßler, Werner: *Paul Tillich*, C. H. Beck, 1997.

Theunissen, Michael: *Pindar: Menschenlos und Wende der Zeit*, C. H. Beck, 2000.

Tillich, Paul: „Kairos und Logos", in: *Philosophie und Schicksal: Schriften zur Erkenntnislehre und Existenzphilosophie, Gesammelte Werke*, Band 4, Evangelisches Verlagswerk, 1961.

Ueda, Shizuteru: „Schweigen und Sprechen im Zen-Buddhismus", in: Tilo Schabert und Rémi Brague (Hrsg.), *Die Macht des Wortes*, Fink, 1996.

あとがき

これまで私は自分のことをあまり「哲学」などという辛気臭いディシプリンにとらわれない、自由でいいかげんな人間だと思ってきたが、今回こうやってこの一〇年ほど書いてきたものを整理しているあいだに、やはり自分がいかにこのディシプリンにこだわってきた人間であるかを思い知らされた。そこで、この反省をきっかけに、自分のこれまでの哲学的遍歴をふり返ってみることにしたい、なかば言い訳気味に。

卒業論文はヒュームの認識論をまとめたようなしろものであったと記憶しているが、今では原稿も散失してしまって、よく覚えていない。専門研究の開始となる修士論文はフッサールの他我構成論批判なので、私の出発点は現象学ということになる。ここで私は一生の哲学的課題に出会うことになる。それはフッサールの他我構成論のベースになっている時間意識という問題である。フッセリアーナ（フッサール全集）に入っている時間講義 *Zur Phänomenologie des inneren Zeitbewußtseins*（『内的時間意識の現象学』）は今でもときどき引っ張り出してきては読みなおしている本である。だが、私は初めからこのフッサールの理詰めの時間論にどこか不満だった。それにはフッサールが数学から始めた哲学者であることも関係しているだろう。その後の勉強は一貫して、それがどういう不満であるかを自己解明する格闘であったといっても過言ではないくらいである。

最初の不満は、この時間論をベースにして立てられる他者構成論そのものに向けられた。それは、フッサールの立論では独我論を抜け出ることができないのではないのか、いや、何よりここから出てくるのは、独自の主観性を備えているとはいえ、のっぺらぼうな他者一般であって、具体的な他者ではないのではないか、ということであった。そこでこの具体的な他者ということで、最初に思いいたったのが役割存在としての他者という問題である。おりしも「差異」というテーマが流行の哲学課題として吹聴され始めたころであったが、役割概念には、この差異のファクターも入れられると考えたからである。簡単にいえば、「ことなり(異なり=事成り)」としての差異化の運動を基礎にして具体的な他者を構成する役割が生じてくると考えたわけである。それは当然理論の出自からして言語現象ともパラレルな関係をなす。こうして直接現象学とは関係していないが、ハイデッガーの影響下にあったレーヴィットの役柄論、和辻の「人間」の学としての倫理学、さらには廣松の共同主観的四肢構造論などにくわえて、役割行為を問題にするアメリカの社会心理学、とりわけミードへの関心が高まった。

この延長上で、次に問題となったのは、役割への物象化や制度化が社会的歴史的に起こるとしても、さらに具体的にそれは個々人の精神の内部でどのようにして生ずるのか、そこには何らかの共通な心的特徴が見出されるのかということであった。こういう関心の「内面化」が起こっていたころに出会ったのが精神病理学である。木村敏の精神病理学を介して、ハイデルベルクのクラウスが鬱病ないし躁鬱病の機制として役割概念を導入していることを知った私は、ろくに医学知識も持ち合わせないまま、そのクラウスやマールブルクのブランケンブルクを直接訪ねるという、今から想うと随分と無謀なことをやったりもした。彼らの理解では、鬱病患者の特徴として役割や秩序、さらに時間的には過去の出来事への拘泥があるという。この社会化と時間意識の両面を抱えもつ理論はテレンバッハの「インクルデンツ、レマネンツ」や木村の「ポスト・フェストゥム」という概念にうまくまとめられているが、そうした理論の影響下で、というか彼らの直接指導のもとに、しばらくのあいだ私は鬱病すなわちメランコリーの精神病理学研究に没頭した。メランコリーにおける時間意識の変容というのがそのときの研究テーマであり、これがそのまま私の学位論文 *Melancholie und Zeit*(Stroemfeld, 1998)となった。

ところが、この方向にもやがて限界を感ずるようになる。というのも、時間の問題でいうと、当然ながら過去をベースにしたメランコリー型の時間意識では時間意識の総体を被うことができないからである。なにより未来や予兆が問題となる統合失調症(分裂病)を論じるときの、あの心理のダイナミズムがフォローできない。木村がこちらを「アンテ・フエストゥム」と名づけて、独自の理論を展開していることはよく知られていよう。そこであらためて木村理論をはじめ、その他の分裂病論などの集中的学習にも取り組んだのだが、そのときどうしても鬼門だったのが木村の第三の概念「イントラ・フェストゥム」であった。これは過去・未来の時間軸に垂直に交わる時間ならぬ時間で、その交わりの場所が「今」という瞬間である。木村はこれを癲癇の特徴とむすびつけながら、同時にこれはどの型の時間意識にも見られる時間性格だとしている。私には当初これがどうしてもわからなかった。

この思考の停滞に風穴を開けてくれたのが、二〇年前からせっせと読みつづけていた西田である。想えば、木村のなかにはたびたび西田への言及があったにもかかわらず、私はその真意を理解できないでいた。じじつ西田は初めから難関であった。ベストセラーといわれる『善の研究』の中心概念「純粋経験」というのは、ベルクソンやジェームズなどとの関連で、たんなる知識上の問題としては理解できても、実感としてなかなかピンとこなかった。それが突然のようにして私の「直感/直観」をとらえたのは、西田が「永遠の今」を論じたところであった。西田の言説が、つねに「今」という現場に居合わせつつ、それを見ている自分自身をも巻き込んだパースペクティヴから語りだされていることに気づいたとき、それまでのこだわりの多くが吹っ飛んだのである。時間論的にも「今」というのは歴とした時間概念である。ここから考え直してみようとしたのが、十数年前のことであった。

だが、「今」という概念が腑に落ちても、今度は「永遠」という概念がわからない。私は神秘主義者ではない。だから、そういう概念を疑うこともなく、そのままあっさりと受け入れるということができない。だから、この概念も格闘の対象となる。しかし、そういう目で見ると、かつて目を通したことのあるアウグスティヌス、キルケゴール、ハイデッガー、レヴィナスといった哲学者たちの言説があらためて新鮮に見えてくる。だから、しばらくは西田をルーティーン・ワークにして、これらの哲学者たちの読みなおしをおこなってきたが、それは同時にデリダやアガンベンなどの現代哲学との突合せの仕事にもなった。本書はこうした哲学的変遷を経て到達したこの一〇年ほどの思索の軌跡である。しかし、これによって自分が西田や彼が抱えた問題にどこまで肉薄できたのか、正直なところまったく自信がない。ただ自分自身の格闘のありのままをそのまま表現してみたにすぎない。

まえがきでも述べたように、この間私はもっぱら「今」という一点に関心の照準を合わせてきた。何度も書くことだが、西田の思索がつねに、それ自体言語的表象を拒否する「純粋経験」なり「今」なりを凝視しながら、それをゆっくりと旋回するようにおこなわれたものであるとするなら、さらにその西田の言説の外から、その言説と、その言説がターゲットに据えている「今」とを二重に旋回しながらおこなわれた私の解釈や思索とは何だろうと考えざるをえなかった。隔靴掻痒を何度も体験しながら、まるで堂々巡りをするような遅々たる思考の進み行きは、西田から学んだものとはいえ、楽な仕事でなかったことは確かである。この小著からそのちょっとした溜め息だけでも感じてもらえれば、筆者としては充分満足である。

さて、著作を閉じるあとがきでは、その最後にいつもだれかに対する謝辞のようなものが書き添えられる。これはだれもそういう決まりがあって、そうしているわけではない。自著の出版を経験した人ならだれもそうだと思うが、じっさい一冊の本が出来上がるまでには、必ずといってよいほど、それを支えてくれた人々が現れ、そういう人たちにおのずと心からの感謝をせざるをえなくなるような心境になるものなのである。その意味で、本書にも当然のごとく謝辞を捧げなければならない人々があった。

まず、まえがきにも触れたように、この本は二〇〇四年のコールマールのシンポジウムに端を発したものである。このシンポジウムの主催者のひとりであるにとどまらず、これを始まりとして以後私の考えが進展すると、定期的にパリで講演会を開いては励ましていただいたフランス国立東洋言語文化研究所の斉藤多香子氏、またそのたびにフランス語のできない私のために翻訳や通訳を買って出ていただいたセルジー＝ポントワーズ大学の黒田昭信氏には特別の感謝が捧げられる。くわえて斉藤氏には九鬼周造に関してアドヴァイスをいただいたこともあるし、黒田氏が西田の生命哲学に強い関心をもっておられることも大いに助けになった。また、各論文(章)が形を成すころ、そのつどそれにもとづいて発表の機会を作っていただいた方々として、慶応義塾大学の斎藤慶典氏、石川県立看護大学の浅見洋氏、神戸大学の松田毅氏にもお礼の言葉を添えておきたい。彼らとの直接対話や議論から多く学ぶことがあったのはいうまでもない。

理論内容に関しては、本書を読まれた方はすぐに気づかれたように、本書の考えに関しては木村敏氏からの直接間接の影響が大きい。また、これも本文の内容から理解されると思うが、西田学会の重鎮で宗教哲学において造詣の深い上田閑照氏から学んだことも少なくない。岩波書店から前著『西田幾多郎の憂鬱』が出た直後に、ご本人から直々に長文の手紙をいただき、その後七、八回にわたる往復書簡を通してお互いの考えを交換する幸運を与えられたが、その経験が少しでも本書のなかに生きていることを願うものである。

最後に本書がこういうかたちで成るにあたり、岩波書店の互盛央と鈴木康之の両氏に深甚の謝意を表する。互氏には『思想』編集長としてここに収められた一連の論文の発表を忍耐強く支えていただいた。また鈴木氏にはこれを現代文庫の一冊として実現していただいた。彼らの厚意なしに本書は存在しえなかった。

二〇一三年初春　ライプツィヒにて

著　者

初出一覧

第一章　今——永遠の今と他者　フランス国立東洋言語文化研究所主催の講演(二〇〇四年)を基に書下ろし

第二章　言葉——言葉が消えゆき、生まれ出るところ　ライプツィヒ大学哲学科主催の連続講演会での講演(二〇〇六年)を基に書下ろし

第三章　場所——逸脱するコーラと無化する場所　『思想』、二〇〇六年第一一号

第四章　瞬間——断絶する今　『思想』、二〇〇七年第一〇号

第五章　偶然——偶然性の時間論　『思想』、二〇〇九年第三号

第六章　現在——カイロスの系譜　『思想』、二〇一〇年第三号

本書は岩波現代文庫のために編集されたオリジナル版である。

人名・書名索引

- 各章の本文と注から，人名，書名，論文名を，頁数で示した．
- 本文，注で，欧文で出現する人名，書名も，一般的な日本語にして示した．
- 書名，論文名には，『 』，「 」を付した．

あ 行

た 行

な 行

は 行

ま 行

や 行

ら 行

わ 行

西田哲学を開く―〈永遠の今〉をめぐって

2013年5月16日　第1刷発行

著　者　小林敏明《こばやしとしあき》

発行者　山口昭男

発行所　株式会社 岩波書店
〒101-8002 東京都千代田区一ツ橋 2-5-5

案内 03-5210-4000　販売部 03-5210-4111
現代文庫編集部 03-5210-4136
http://www.iwanami.co.jp/

印刷・精興社　製本・中永製本

ISBN 978-4-00-600293-0　Printed in Japan

岩波現代文庫の発足に際して

新しい世紀が目前に迫っている。しかし二〇世紀は、戦争、貧困、差別と抑圧、民族間の憎悪等に対して本質的な解決策を見いだすことができなかったばかりか、文明の名による自然破壊は人類の存続を脅かすまでに拡大した。一方、第二次大戦後より半世紀余の間、ひたすら追い求めてきた物質的豊かさが必ずしも真の幸福に直結せず、むしろ社会のありかたを歪め、人間精神の荒廃をもたらすという逆説を、われわれは人類史上はじめて痛切に体験した。

それゆえ先人たちが第二次世界大戦後の諸問題といかに取り組み、思考し、解決を模索したかの軌跡を読みとくことは、今日の緊急の課題であるにとどまらず、将来にわたって必須の知的営為となるはずである。幸いわれわれの前には、この時代の様ざまな葛藤から生まれた、人文、社会、自然諸科学をはじめ、文学作品、ヒューマン・ドキュメントにいたる広範な分野のすぐれた成果の蓄積が存在する。

岩波現代文庫は、これらの学問的、文芸的な達成を、日本人の思索に切実な影響を与えた諸外国の著作とともに、厳選して収録し、次代に手渡していこうという目的をもって発刊される。いまや、次々に生起する大小の悲喜劇に対してわれわれは傍観者であることは許されない。一人ひとりが生活と思想を再構築すべき時である。

岩波現代文庫は、戦後日本人の知的自叙伝ともいうべき書物群であり、現状に甘んずることなく困難な事態に正対して、持続的に思考し、未来を拓こうとする同時代人の糧となるであろう。

（二〇〇〇年一月）

G229
国際政治史
岡 義武

東京大学法学部で政治史・外交史を講じた著者が、一九五五年に岩波全書の一冊として著した先駆的で独創的な名著。〈解説〉坂本義和

G230
宇宙誌
松井孝典

古代ギリシャから現代のホーキングまで、二〇〇億光年の時空を天才たちと共にたどる魅惑の知的大紀行。我々はどこから来たのか。

G231
日本型「教養」の運命
—歴史社会学的考察—
筒井清忠

教養主義が衰退した今こそ、教養が輝いていた時代と社会を省察して未来への指針を見出したい。斬新な視角で教養と社会との接点を問う。「再考・現代日本の教養」を付す。

G232
戦後日本の思想
久野 収
鶴見俊輔
藤田省三

〝戦後〟がまだ戦後であった一九五〇年代末、戦争によって混迷に陥った日本人の思想の建直しをめざす白熱の討論。〈解説〉苅部直

G233
トランスクリティーク
—カントとマルクス—
柄谷行人

カントからマルクスを読み、マルクスからカントを読む。社会主義の倫理的＝経済的基礎を解明し来るべき社会に向けての実践を構想する。英語版に基づき改訂した決定版。

2013.5

G234
心を生みだす遺伝子
ゲアリー・マーカス
大隅典子訳

ゲノムは青写真ではなくレシピのようなもの。遺伝子が実際に何をしているかを見ることで、「生まれと育ち」の真の関係が明らかになる。

G235
江戸思想史講義
子安宣邦

無自覚に近代の眼差しのもとで再構成されてきた江戸期の思想を読み直し、新たな江戸像によって近代を反照する。「方法としての江戸」の実践。

G236
新編 平和のリアリズム
藤原帰一

冷戦終焉から9・11事件、イラク戦争を経て、日米の民主党政権の誕生までの論考を収める。二〇〇四年の旧版を全面的に再編集。

G237
脳の可塑性と記憶
塚原仲晃

記憶はいかに蓄えられるか。本書は記憶を蓄える場シナプスに注目し、脳の記憶と学習のメカニズムを探求し続けた著者の遺著である。〈解説〉村上富士夫

G238
転校生とブラック・ジャック
――独在性をめぐるセミナー――
永井均

「私が私である」とはどういうことか？ SF的思考実験をもとに、セミナー形式で綴られる第一級の哲学的議論。〈解説〉入不二基義

G239
久野収セレクション
佐高 信編

平和問題談話会、べ平連、「週刊金曜日」などを通じて市民の先頭に立って活動を続けてきた久野の論考十六篇をオリジナル編集。

G240
ヒルベルト
―現代数学の巨峰―
C・リード
彌永健一訳

天才的数学者の独創性はいかに培われたか。本書は、現代数学の父としてあまりに著名なヒルベルトの生涯と学問を描き出す。待望の文庫化。〈解説〉H・ワイル

G241
竹内好 ある方法の伝記
鶴見俊輔

魯迅を読むことを通して自分の問題をみつけ、自分で解こうと努力しつづけた竹内への深い尊敬と共感をもって書きあげた知的評伝。〈解説〉孫歌

G242
偉大な記憶力の物語
―ある記憶術者の精神生活―
A・R・ルリヤ
天野 清訳

直観像と共感覚をもつその男は、忘却を知らなかった。特異に発達した記憶力は、男の内面世界や他者との関わりに何をもたらしたのか。〈解説〉鹿島晴雄

G243
王羲之
―六朝貴族の世界―
吉川忠夫

偉大な書家としてあまりに著名な王羲之（おうぎし）は、四世紀の傑出した知識人である。その生涯と生活、思想と信仰の全体像を時代と共に描く。新稿も収録。

岩波現代文庫［学術］

G244
光の領国　和辻哲郎
苅部直

和辻のテクストを同時代の言説状況の文脈のなかで丁寧に読みなおし、〈人間と政治〉の問題をどのように考えてきたかを検証する。和辻の全集未収録論考も併載。

G245-246
内田魯庵山脈(上・下)
―〈失われた日本人〉発掘―
山口昌男

明治から昭和初期にかけて市井を遊歩した「学問する自由人たち」。内田魯庵を手がかりに近代日本の埋もれた知の水脈を発掘する。〈解説〉石塚純一

G247
言語のレシピ
―多様性にひそむ普遍性をもとめて―
マーク・C・ベイカー
郡司隆男訳

似たところなど何ひとつなさそうな言語どうしも、実はレシピがほんの一カ所違うだけかもしれない。発見の興奮が伝わってくる一冊。

G248
中国の新しい対外政策
―誰がどのように決定しているのか―
リンダ・ヤーコブソン
ディーン・ノックス
岡部達味監修
辻康吾訳

中国の対外政策は誰がどのように決定しているのか。中国の対外政策の決定過程をストックホルム国際平和研究所の研究員が未公開の事実を含めて明らかにする。

G249
現代の貧困
―リベラリズムの日本社会論―
井上達夫

天皇制、会社主義、民主政治の機能不全。現代の日本社会を蝕む三つの「生の貧困」を解明し、リベラリズムの原理に基づく変革の青写真を描く。

2013.5

岩波現代文庫[学術]

G250
西田幾多郎の憂鬱
小林敏明

多彩な資料を駆使して克明に描き出される哲学者の苦悩と格闘の人生に、近代日本成立における問題系を照射する斬新な評伝的批評。〈解説〉熊野純彦

G251
不惑のフェミニズム
上野千鶴子

売られたケンカは買い、連帯は国境や世代を超えて呼びかける——。フェミニズムの最前線を走り続けてきた著者の、40年間のリアルタイム発言集。岩波現代文庫オリジナル版。

G252
満州事変
―政策の形成過程―
緒方貞子

満州事変の前後、関東軍や陸軍中央、政府指導者などの間でいかなる力学が働き、外交政策を変容させていったのか。その過程を分析した記念碑的著作。〈解説〉酒井哲哉

G253
生成文法の企て
ノーム・チョムスキー
福井直樹
辻子美保子 訳

20年の歳月を隔てて、知の巨人が自らの科学観と言語観を語りつくした二つのインタヴュー。訳者による序説も必読である。

G254
笑いのセンス
―日本語レトリックの発想と表現―
中村明

言語表現が生み出す笑いのメカニズムを、レトリック論の立場から、分りやすく分析する。「笑いのセンス」の勘所を縦横無尽に語る。

G255
日高六郎セレクション
杉山光信編

日高六郎の厖大な著作のなかから、社会学者、思想家として戦争、近代主義、市民、ジャーナリズムを論じた重要作品を厳選収録。岩波現代文庫オリジナル版。

G256
西田哲学の基層 ―宗教的自覚の論理―
小坂国継

本書は、西田哲学の核心が、終始一貫して「宗教的自覚」の論理化にあるとする著者の独自の観点からまとめられた新たな西田論である。岩波現代文庫オリジナル版。

G257
橋川文三セレクション
中島岳志編

正統派の学問では忌避されがちな人物・テーマに取り組んできた思想家橋川文三の独創的な論考が1冊で読める珠玉のアンソロジー。岩波現代文庫オリジナル版。

G258
増補 求道と悦楽 ―中国の禅と詩―
入矢義高

文学としての禅語録の研究を画期的に深めた入矢義高の「禅と文学」に関する論文、随想を精選してまとめる。今回、新たに6篇の論文・随想を増補した。〈解説〉衣川賢次

G259
明治精神の構造
松本三之介

明治のバックボーンとは何か。福沢諭吉から幸徳秋水まで、知識人の考えを時代状況とのかかわりで解明。思想史になじみの薄い読者にも分かりやすい恰好の入門書。

2013.5

G260
増補 自己と超越
―禅・人・ことば―
入矢義高

禅語録の語学的読解と文学的探究を確立した著者の『求道と悦楽』に続く論文集。今回、新たに晩年の論文8篇を精選して増補した。〈解説〉小川 隆

G261
「知」の欺瞞
―ポストモダン思想における科学の濫用―
アラン・ソーカル
ジャン・ブリクモン
田崎晴明
大野克嗣
堀 茂樹 訳

科学をめぐるポストモダンの「言説」の一部が「当世流行馬鹿噺」に過ぎないことを示し、欧米で激論をよんだ告発の書。人文系と社会科学にとって本当の敵は誰なのか？

G262
帝国とナショナリズム
山内昌之

オスマン帝国の領土だった中東諸国を中心にナショナリズムの歴史的考察を試み、「国民」の創出と分裂の過程を分析し、中東変動の本質と多様性を論ずる。

G263
「国語」という思想
―近代日本の言語認識―
イ・ヨンスク

明治期の日本が国家統合の要として創出した「国語」とそこにせめぎ合う言説の展開を克明に跡づける言語思想史の労作。思想としての国語の意味を問う。

G264
「学び」の復権
―模倣と習熟―
辻本雅史

江戸期の手習塾(寺子屋)、藩校や内弟子制度での学びの実態を具体的に描き出す。「模倣と習熟」によって現代教育を見直すヒントが見えてくる。

G265
俳句実践講義
復本一郎

俳句の実作指導を通して、俳句文学の歴史とその理論を講義する入門書。「切字」「季語」「取合せ」「写生」などを通して、俳句の勘所、奥深い魅力を解説する。

G266
ルソー
福田歓一

フランス革命に多大な影響を与えた思想家ジャン-ジャック・ルソー（一七一二―七八）の人と生涯、思想の全体像を政治思想の泰斗が平易に語る。〈解説〉吉岡知哉

G267
古代ローマとの対話
―「歴史感」のすすめ―
本村凌二

「歴史感」とは古代ローマ人と現代人が交錯し、歴史を実感することである。ローマの教訓や思想を現代人の視点で学び、古代ローマと対話する。

G268
ガルブレイスを読む
中村達也

時代の経済問題と常に真正面から切り結ぶ主張を続け、社会通念を批判してきたガルブレイス（一九〇八―二〇〇六）。経済が混迷する今だからこそ主要著作を読み返す。

G269
現代政治分析
R・A・ダール
高畠通敏訳

権力・影響力からポリアーキーまで、学界に大きなインパクトを与えてきたダールの理論がコンパクトにまとめられている。アメリカ政治学の教科書の定番。〈解説〉杉田敦

2013. 5

G270
生き延びるための思想 新版
上野千鶴子

女性も兵士となるのが「平等」か？「死ぬための思想」ではなく、弱者が弱者として生きられるための思想を紡いだ論考群。東日本大震災後の東大最終講義等も収録した新版。

G271
ナショナリズムとジェンダー 新版
上野千鶴子

「慰安婦」問題は、なぜ今なお激論を呼ぶのか。この問題が突きつける現代的な課題を、フェミニストとして真正面から論じて話題となった著作に、その後の論考を加えた新版。

G272
歴史人口学の世界
速水融

近代的な「国勢調査」以前の社会において、その基層をなす家族といった身近な存在から人口を推計し、社会全体の動態を分析する歴史人口学。第一人者による平易な入門書。

G273
「尖閣問題」とは何か
豊下楢彦

日中対立が激化するのはなぜか。メディア報道にはどこに問題点があるか。米国の曖昧な姿勢、国有化で解決されない論点をふまえ、問題解決への糸口を見出す。岩波現代文庫オリジナル版

G274
明治維新を考える
三谷博

明治維新の三つの謎を探究し歴史の激変を理解する枠組を提示する。またジャンセン、遠山茂樹、司馬遼太郎の維新論を検討し「近代化」の意味を考察する。

2013.5

岩波現代文庫[学術]

G275・276・277
やわらかな思考を育てる数学問題集(1・2・3)
フォミーン、ゲンキン、イテンベルク
志賀浩二
田中紀子 訳

ロシアの子どもたちが十代はじめから夢中になって取り組んだ、とっておきの問題がぎっしり。解き方がふっと見えたときの気分は最高。(全3冊)〈解説〉佐藤雅彦

G278
現代日本思想論
―歴史意識とイデオロギー―
安丸良夫

民衆思想史の立場から「近代」の意味を問い続けてきた著者が、現代日本の学問・思想の諸潮流を読み解き、独自の見取り図を示す。〈解説〉小高賢

G279
日本文化のゆくえ
河合隼雄

教育、宗教、科学など、様々な問題を読解することで、混迷する現代社会の方向性を、提示する。独自の日本文化論。〈解説〉大澤真幸

G280
宮本常一『忘れられた日本人』を読む
網野善彦

歴史の中の老人・女性・子供・遍歴民の役割や東日本と西日本との間の大きな差異に着目した宮本常一の先駆性を明らかにする。〈解説〉安丸良夫

G281
だれが原子をみたか
江沢洋

見えないはずの原子がなぜ実在すると確信できるのか。ガリレオからアインシュタインまで、彼らの探求を実験で再現しながら追っていく。物理学的思考の原点を示す。

G282
中国民主改革派の主張
中国共産党私史

李鋭
小島晋治編訳

中国共産党の老幹部で民主改革派の重鎮である著者の一九三〇年代から今日に至る党史に関わる評論集。胡耀邦総書記辞任の内情を明かす貴重な証言も収録。

G283
『コーラン』を読む

井筒俊彦

『コーラン』をテキストにそって解読して、イスラームの精神性を明確にする。優れた『コーラン』入門書であり、「井筒哲学入門」の最良の書でもある。〈解説〉若松英輔

G284
脱常識の社会学 第二版
―社会の読み方入門―

ランドル・コリンズ
井上俊
磯部卓三訳

当たり前のこととして片づけられている日常の生活をめぐる「常識」。その深層構造を儀礼と象徴を通して解明してゆく社会学入門の定番。原書第二版。

G285
不動明王

渡辺照宏

「お不動さま」の名で知られる不動明王信仰は、日本人に広く深く浸透している。不動明王の由来、その解釈、受容の歴史等を、分かり易く解き明かす。〈解説〉松本照敬

G286
ボードレール語録

横張誠編訳

ボードレールの「現代性(モデルニテ)」の美学とは何か。19のテクストを解説し、近代と格闘したボードレールを浮かび上がらせる。書下ろし。岩波現代文庫オリジナル版。

岩波現代文庫[学術]

G287
数学が生まれる物語 第1週 数の誕生
志賀浩二

数学学習の第一歩として、まず自然数、分数、小数を学びます。楽しく学ぶうちに、だんだんと数学の考え方に慣れていきます。

G288
数学が生まれる物語 第2週 数の世界
志賀浩二

数の背後にひそむ「無限」と「連続」。この互いに映しあう二つの考えを理解すれば「よし、わかった」という自信がわいてきます。

G293
西田哲学を開く ―〈永遠の今〉をめぐって―
小林敏明

西田哲学の時間に関する中心概念である「永遠の今」を様々な角度、立場から考察する。西田哲学を開放して、新たな可能性を探る。岩波現代文庫オリジナル版

G294
漢語からみえる世界と世間 ―日本語と中国語はどこでずれるか―
中川正之

漢語には体感に基づく「世間語」と抽象的な「世界語」があるが、中国語ではそれが曖昧である。両者の区別を念頭に日本語と中国語のずれを探究する。

2013.5